Süße TRÄUME

Schritt-für-Schritt-Anleitungen, Techniken und Rezepte

EDITION XXL

- Inhalt -

Wie stellt man einen Mürbeteig, einen Brandteig oder einen Biskuit her? Wie bereitet man eine Crème au caramel, eine Mousse oder Crêpes nach allen Regeln der Kunst zu? Antworten auf diese und viele andere Fragen bietet dieses Buch, indem es in drei großen Abschnitten Texte und anschauliche Bildfolgen so miteinander kombiniert, dass Sie jeden einzelnen Schritt problemlos nachvollziehen können. Darüber hinaus erhalten Sie jede Menge hilfreiche Hinweise und Tipps, damit die Zubereitung auch wirklich gelingt. Dank der Erfahrungen, welche die Autorin Licia Cagnoni als Küchenchefin und Leiterin von zahlreichen Kochkursen sammeln konnte, finden Sie in den folgenden Kapiteln leicht verständliche Anleitungen, wie Sie Obsttorten, Muffins, Kekse, Flammeris, Cremes, Halbgefrorenes, Sorbets und andere süße Leckereien mit Erfolg selbst zubereiten.
Das Buch ist in vier große Abschnitte unterteilt. Im ersten, **Süßes aus Ofen, Pfanne und Fritteuse**, finden Sie Rezepte und Techniken zur Herstellung verschiedener süßer Grundteige, die dann im Ofen gebacken oder in heißem Fett gegart werden. Dazu kommen einige exemplarische Rezepte, die zeigen, was man aus den jeweiligen Teigen alles zaubern kann. Im zweiten Abschnitt geht es um **Süßes zum Löffeln**. Hier werden Grundrezepte für verschiedene Arten von Cremes, Mousses und Flans, für Halbgefrorenes und Sorbets gezeigt – wiederum angereichert mit vielen Tipps und Kniffen, die ein gutes Gelingen garantieren. Im Abschnitt **Eingemachtes und Süßes mit Früchten** geht es um die Geheimnisse der Herstellung von Konfitüren, um das Einlegen von Früchten in Sirup sowie um das Kandieren und andere Techniken, um Früchte zu konservieren. Zu jedem dieser Abschnitte werden nützliche **Geräte** vorgestellt, die man haben sollte beziehungsweise haben muss, um die jeweiligen Rezepte zubereiten zu können. Ein ausführlicher **Rezeptteil** zeigt, wie die in den vorangegangenen Abschnitten präsentierten Techniken in der Praxis angewendet werden können, um leckere Kuchen und Torten, süße Knabbereien sowie verführerische Desserts zuzubereiten. Ein kleines **Glossar** mit weiterführenden Hinweisen zu bestimmten Zutaten und Techniken runden das Buch schließlich ab.

Wir wünschen Ihnen gutes Gelingen und guten Appetit!

1

2

3

4

5

6

7

8

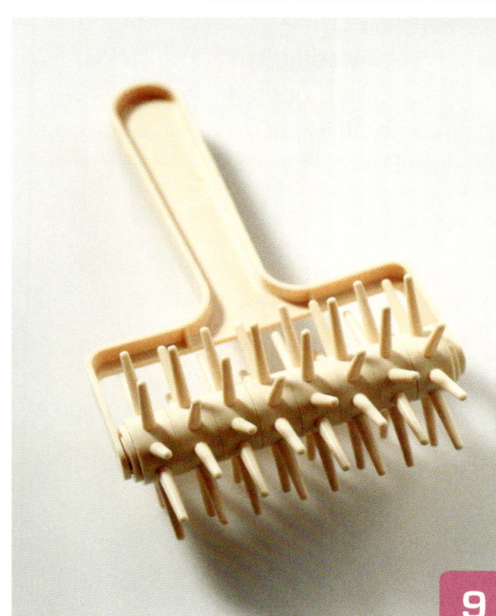
9

- Süßes aus Ofen, Pfanne und Fritteuse -

Utensilien

1. **Teigroller:** Ein Teigroller – aus Holz oder Metall, beschichtet oder unbeschichtet – ist unverzichtbar, um Teige auszurollen.

2. **Timbaleförmchen aus Aluminium:** In Aluminium zu garen ist deshalb empfehlenswert, weil das Metall schnell heiß wird. Man kann die Förmchen auch benutzen, um heiße Cremes darin erkalten zu lassen, die man anschließend stürzen möchte.

3. **Frittiertopf:** Dieser schlichte tiefe Topf mit passendem Drahtkorb ist eine einfache und praktische Alternative zur teuren Fritteuse. Der Drahtkorb dient dazu, das fertige Frittiergut problemlos aus dem heißen Fett zu heben.

4. **Springform:** Der Rand der Form lässt sich öffnen und vom Boden abheben. So kann man alle Arten von Zubereitungen leicht aus der Form lösen.

5. **Küchenpapiere:** Backpapier ist nützlich, weil es verhindert, dass der Teig am Blech anhaftet, während die hitzebeständige Aluminiumfolie im Ofen einen Deckel ersetzen kann. Klarsicht- oder Frischhaltefolie ist unverzichtbar zum Einpacken oder Abdichten.

6. **Ausstecher:** Es gibt sie in den unterschiedlichsten Formen mit geradem, gewelltem und gezacktem Rand. Sie dienen zum Ausstechen von Teigen für Torteletts, Kekse und Plätzchen. Um die Schnittfläche zu schonen, sollte man sie in einer gesonderten Schachtel aufbewahren.

7. **Paletten:** Paletten werden verwendet, um weiche Teige, Glasuren und Cremes zu verstreichen oder Gebackenes vom Blech zu lösen. Sie sind in verschiedenen Größen und Breiten erhältlich, auch als besonders nützliche Winkelpaletten (sie haben am Ende einen Knick im Blatt).

8. **Crêpepfanne:** Diese antihaftbeschichtete Pfanne ist ideal zum Backen von Crêpes und dünnen Pfannkuchen.

9. **Gezahnter Teigroller:** Er dient vor allem dazu, Mürbeteig vor dem Backen einzustechen, damit er sich während des Backens nicht wölbt oder Blasen wirft. Eine Gabel erfüllt aber denselben Zweck.

- Mürbeteig -

Für etwa 500 g Teig

250 g Mehl, 125 g Zucker
1 Ei, 1 Eigelb
125 g Butter, 1 unbehandelte Zitrone

Für die Creme

120 g Mascarpone
3 EL Puderzucker
100 ml Sahne, steif geschlagen
350 g Erdbeeren

1

2

3

4

1-2. Das Mehl auf die Arbeitsfläche sieben und eine Mulde hineindrücken. Zucker, Ei, Eigelb und Butter (in Flöckchen) in die Mulde geben, die Schale der Zitrone darüber abreiben. Mit einer Palette Mehl vom Rand zur Mitte schieben und die Zutaten grob vermengen. Dann rasch mit den Händen verkneten, bis ein glatter Teig entstanden ist.

3. Den Teig in Klarsichtfolie gehüllt 30 Minuten im Kühlschrank ruhen lassen.

■ Damit sich der Boden beim Backen nicht aufwölbt, den Teig mit Back- oder Pergamentpapier belegen und getrocknete Hülsenfrüchte (Bohnen/Erbsen) daraufstreuen. Anschließend den Teig backen und das Papier sowie die Hülsenfrüchte entfernen.

4-5-6. Den Teig auf einer mit Mehl bestäubten Arbeitsfläche etwa 5 mm dick ausrollen und in die mit Butter ausgestrichene, mit Mehl ausgestäubte Form legen. Mit dem Teigroller über den Rand rollen und den überschüssigen Teig entfernen.

7-8-9. Den Rand des Teigs entweder mit den Zinken einer Gabel eindrücken oder mit den Fingerspitzen einen dekorativen Rand formen. Den Boden des Teigs mit einer Gabel mehrfach einstechen, damit er sich nicht wölbt. Dann im vorgeheizten Ofen bei 180 °C 20–25 Minuten backen, bis der Teig goldbraun ist.

8

9

10

10-11. Für die Füllcreme den Mascarpone mit dem Puderzucker verrühren und die geschlagene Sahne unterheben. Mit einem Spritzbeutel auf den Mürbeboden spritzen, die Erdbeeren (große halbiert oder in Scheiben geschnitten) darauf anrichten.

12. Die Torte gut gekühlt und mit Puderzucker überstäubt servieren.

Ebenfalls gut als Füllung geeignet ist die Konditorcreme (siehe Seite 97). Diese kann man mit Likör aromatisieren oder ihr 70 g gemahlene Mandeln beziehungsweise 70 g zerbröselte Amaretti untermischen. Je nach Geschmack lassen sich die Erdbeeren auch durch Himbeeren ersetzen.

11

12

- Briséeteig -

Für 500 g Teig

300 g Mehl, 1 Prise Salz
150 g kalte Butter, Eiswasser

1-2. Das Mehl mit einer Prise Salz auf die Arbeitsfläche sieben und eine Mulde hineindrücken. Die Butter in Flöckchen hineingeben. Mit den Händen Mehl vom Rand zur Mitte schieben und grob mit der Butter vermengen. Dann rasch verkneten, bis ein glatter Teig entstanden ist. Dabei nach Bedarf eiskaltes Wasser zugeben. Den Teig In Klarsichtfolie hüllen und mindestens 1 Stunde im Kühlschrank ruhen lassen.

3-4. Den Teig auf bemehlter Arbeitsfläche etwa 3 mm dick ausrollen, mit dem Teigroller fassen und über die gefettete, mit Mehl ausgestäubte Form legen.

1

5-6-7. Den Teig vorsichtig in die Form drücken, dabei aufpassen, dass er nicht reißt. Mit dem Teigroller über den Rand rollen und den überschüssigen Teig entfernen. 20 Minuten in den Kühlschrank stellen, dann den Boden mit einer Gabel mehrfach einstechen.

2

3

4

5

6

■ In Alufolie gehüllt hält sich der ungebackene Briséeteig im Kühlschrank 1 Woche, im Gefrierschrank 3 Monate.

7

8

8. Im vorgeheizten Ofen bei 190 °C etwa 20 Minuten backen, bis der Teig zart gebräunt ist, und nach Geschmack belegen. Man kann auch mehrere kleine Torteletts backen.

- Blätterteig -

Für 500 g Teig

200 g Mehl, 1 Prise Salz, 100 ml Wasser
200 g zimmerwarme Butter als 1,5 cm hohe Platte

1-2. Das gesiebte Mehl mit dem Wasser und einer Prise Salz in einer Schüssel zu einem geschmeidigen Teig verrühren. Den Teig auf bemehlter Arbeitsfläche zu einem Rechteck ausrollen. Die Butterplatte darauflegen und wie ein Päckchen in den Teig einschlagen.

Die Herstellung von Blätterteig ist sehr zeitaufwendig. Damit der Teig beim Backen luftig aufgeht, muss er zwischen den einzelnen Faltungen immer wieder ruhen. Es lohnt sich also, gleich die doppelte Menge herzustellen und die Hälfte davon in Alufolie gewickelt einzufrieren.

3. Das Päckchen auf die gefaltete Seite legen und zu einer dünnen rechteckigen Platte von der Größe der ersten Platte ausrollen. Zugedeckt mindestens 15 Minuten ruhen lassen.

4. Die eine Seite der Platte zur Mitte einschlagen, die andere darüberklappen, sodass ein Rechteck entsteht.

5-6. Das Rechteck um 90° drehen und erneut wie gezeigt zusammenfalten. Das Teigpäckchen nun mindestens 30 Minuten im Kühlschrank ruhen lassen. Dann den Teig auf bemehlter Arbeitsfläche erneut zum Rechteck ausrollen und wie in Schritt 4 und 5 gezeigt falten; dies insgesamt 3 Mal wiederholen. Blätterteig wird auf einem mit Backpapier belegten Blech bei 200–220 °C 10–20 Minuten gebacken.

- Blätterteig-Cremeschnitten -

Für 8 Cremeschnitten

250 g Blätterteig (siehe Seite 14)
Puderzucker, 50 g geröstete Mandeln

Für die Creme

500 ml Milch, 150 g Zucker
1 Stück Zitronenschale
1 Prise Salz,
4 Eigelb, 60 g Mehl
250 ml Sahne, geschlagen

1-2-3. Für die Creme die Milch mit der Hälfte des Zuckers, dem Salz und der Zitronenschale zum Kochen bringen. In einer Schüssel die Eigelbe mit dem restlichen Zucker und dem Mehl glatt rühren.

4-5. Die Zitronenschale entfernen. Die heiße Milch in dünnem Strahl unter Rühren zur Eiercreme geben. Die Creme in den Milchtopf zurückfüllen, auf den Herd setzen und unter Rühren mehrmals aufwallen lassen.

5

6. Den Blätterteig dünn ausrollen und mit einem Teigrad in 24 Rechtecke von je 15 x 5 cm schneiden.

7-8. Den Teig mit einem gezahnten Teigroller (oder einer Gabel) einstechen, damit er beim Backen keine Blasen wirft, und auf ein mit Backpapier ausgelegtes Blech legen.

7

6

8

9-10. Die Teigplatten mit Puderzucker überstäuben. Er verleiht den Blätterteigschnitten einen leichten Karamellüberzug. Den Blätterteig im vorgeheizten Ofen bei 200 °C 12–15 Minuten backen, dann abkühlen lassen.

11. Die geschlagene Sahne zu der abgekühlten Creme geben und vorsichtig unterheben. Die Creme in einen Spritzbeutel mit runder Lochtülle füllen.

12-13. Auf 16 der abgekühlten Blätterteigschnitten je einen Strang von der Creme spritzen. Die restlichen Blätterteigplatten mit Puderzucker überstäuben. Je zwei mit Creme bespritze Scheiben und eine bestäubte aufeinandersetzen.

14. Die austretende Creme (oder eventuelle Cremereste) mit einer Palette am Außenrand der Cremeschnitten glatt verstreichen.

9

10

11

12

15-16-17. Die gerösteten Mandeln mit einem Messer grob hacken und die Außenseiten der Cremeschnitten damit garnieren. Die Schnitten bis zum Servieren im Kühlschrank aufbewahren.

13

14

■ Statt mit gehackten Mandeln kann man die Außenseiten der Schnitten auch mit zerkrümelten Keksen, mit Kokosraspeln oder zerbröckeltem Blätterteig garnieren.

15

16

17

- Sabléeteig -

Für etwa 700 g Teig

300 g Mehl
200 g Butter in kleinen Würfeln
100 g Zucker, 1 Prise Salz, 3 Eigelb

Sabléeteig (Sablée ist Französisch und bedeutet „Sand") ist ein besonders zarter Mürbeteig, der sich sehr gut für die Herstellung von Plätzen (Sandgebäck) und die Böden von Torteletts eignet. Man kann ihm auch noch 2 EL fein gemahlene Mandeln untermischen.

1

2

3

1. Das Mehl auf die Arbeitsfläche sieben, die Butterwürfel darauf verteilen und mit den Fingern vermischen, bis grobe Krümel entstehen.

2-3. Den Zucker darüberstreuen, eine Prise Salz zugeben, eine Mulde hineindrücken und die Eigelbe hineingleiten lassen. Dann alles rasch zu einem Teig verkneten. In Folie gewickelt 1 Stunde im Kühlschrank ruhen lassen.

4

5

6

7

8

4. Den Teig auf einer bemehlten Arbeitsfläche etwa 3 mm dick ausrollen.

5-6-7. Plätzchen ausstechen, vorsichtig von den Ausstechern lösen und auf mit Backpapier ausgelegte Bleche legen. Die Teigreste zusammenfassen, kurz durchkneten und erneut ausrollen.

8. Die Plätzchen im vorgeheizten Ofen (180 °C) 10–12 Minuten backen, bis sie zart gebräunt sind.

- Biskuitrolle -

Für 8 Stücke

4 Eigelb, 120 g Zucker
2 Eiweiß, 60 g Mehl
Nussnougatcreme

1-2-3. Die Eigelbe mit der Hälfte des Zuckers schaumig rühren. Die Eiweiße mit dem restlichen Zucker in einer separaten Schüssel zu steifem Schnee schlagen. Den Schnee unter die Eigelbmasse heben, das Mehl darübersieben und vorsichtig untermischen.

■ Die klassische Füllung der Biskuitrolle ist Himbeer- oder Erdbeerkonfitüre (siehe Rezept auf Seite 104–105) beziehungsweise eine leichte Zitronencreme. Für unser Rezept haben wir eine fertige Nussnougatcreme aus dem Glas gewählt.

5

4-5. Den Teig auf ein mit Backpapier ausgelegtes Backblech laufen lassen, mit einer Palette gleichmäßig etwa 2 cm hoch verteilen und glattstreichen. Im auf 200 °C vorgeheizten Ofen etwa 10 Minuten backen.

6

7

6-7-8. Den gegarten Biskuit aus dem Blech kopfüber auf ein Küchenhandtuch stürzen, das Papier abziehen und den noch heißen Biskuit sofort samt dem Handtuch aufrollen und auskühlen lassen. Dann ausrollen und vorsichtig auf eine Arbeitsfläche heben.

9-10-11. Mithilfe einer Palette die Nussnougatceme auf den Biskuit streichen, aufrollen und fest mit Backpapier umwickeln. Vor dem Anschneiden mindestens 1 Stunde in den Kühlschrank legen.

■ Man kann die gebackene Teigplatte auch auf ein leicht angefeuchtetes Tuch stürzen und sie – ohne das Papier abzuziehen – mit einem feuchten Tuch bedeckt auskühlen lassen. Dann erst das Papier abziehen, die Füllung aufstreichen und aufrollen.

10

9

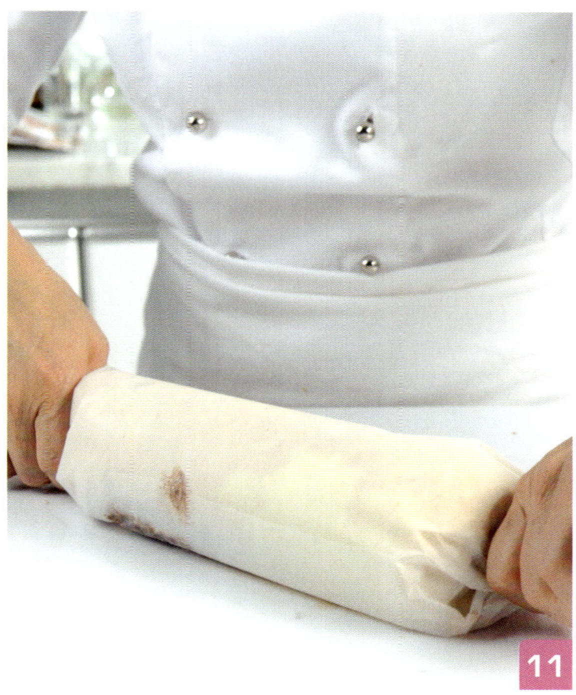

11

- Tortenbiskuit -

Für einen Boden von Ø 28 cm

5 Eier
190 g Zucker
40 g Honig
150 g Mehl
75 g Speisestärke

1. Die Eier in eine Schüssel geben und mit dem Elektroquirl schaumig aufschlagen. Weiterrühren und währenddessen den Zucker einrieseln lassen, dann den Honig hinzufügen. Es muss eine dicklich-luftige Masse entstehen.

2-3. Mehl und Speisestärke sieben und portionsweise zu der Eiermasse geben. Dabei nicht rühren, sondern das Mehl mit einem Gummispatel unterheben, indem man den Teig immer wieder mit dem Spatel vom Schüsselboden nach oben hebt und über das Mehl faltet.

2

1

3

■ Um zu sehen, ob der Teig gar ist, von oben mit einem Holzspieß in die Mitte des Biskuits stechen. Kommt er sauber heraus, ist der Teig gar, hängt noch Teig daran, die Backzeit verlängern.

■ Die Ofentür nicht zu früh öffnen, der Teig könnte sonst zusammenfallen.

■ Beim Backen mit Umluft gart der Teig besser und gleichmäßiger.

4

6

5

4-5. Eine Form mit hohem Rand (Ø 28 cm) oder eine Springform mit Butter fetten und sorgfältig mit Mehl ausstäuben. Den Teig einfüllen und die Oberfläche mit einer Palette glattstreichen.

6. Im vorgeheizten Ofen bei 180 °C (Umluft) etwa 20 Minuten backen. Aus dem Ofen nehmen, mit einem scharfen Messer am Innenrand der Form entlangfahren, um den Biskuit zu lösen, und auf ein Kuchengitter stürzen. Wenn der Biskuit völlig ausgekühlt ist, zum Füllen mit einem langen, gezahnten Küchenmesser horizontal durchschneiden.

- Tarte Tatin mit Äpfeln -

Für eine Tarte von Ø 28 cm

250 g Mehl, 3 Eigelb
250 g Butter, 250 g Zucker
1,5 kg Äpfel (Cox Orange)

1-2-3. Aus Mehl, Eigelben, 125 g Butter und 100 g Zucker einen glatten Mürbeteig kneten (siehe Seite 8), zur Kugel formen, in Frischhaltefolie wickeln und in den Kühlschrank legen.

1

2

3

4

4-5. Eine Form sehr großzügig mit Butter fetten. Den restlichen Zucker hineingeben und gleichmäßig auf dem Boden der Form verteilen. Bei mittlerer Hitze leicht karamellisieren lassen.

6. Die Äpfel schälen, vierteln oder achteln und das Kernhaus herausschneiden.

5

6

7

Eine Tarte Tatin kann auch mit Pfirsichen, halbierten Pflaumen oder Ananas zubereitet werden. Statt Mürbeteig kann man auch Blätterteig verwenden.

8

7-8-9. Die Äpfel auf den Karamell in die Form setzen, sodass der Boden dicht mit Äpfeln bedeckt ist. Für etwa 15 Minuten in den auf 180 °C vorgeheizten Ofen geben. Herausnehmen und die restliche Butter in Flöckchen auf den heißen Äpfeln verteilen.

10-11-12-13. Den Teig ausrollen, auf die Äpfel legen. Teigüberschuss nach innen einklappen und am Rand der Form gut andrücken. Erneut für etwa 25 Minuten in den Ofen geben, sofort auf eine Servierplatte stürzen und heiß servieren.

9

10

11

12

13

- Cheesecake -

Für eine Torte von Ø 22 cm

250 trockene Kekse
150 g Butter, zerlassen
50 g Zucker

Für die Creme
2 Eier
100 g Zucker
Mark einer Vanillleschote
Saft einer halben Zitrone
20 g Speisestärke
600 g Frischkäse
100 ml Sahne

Für die Garnierung
Erdbeerkonfitüre, frische Früchte

1. Die Kekse in einen Plastikbeutel geben und mit dem Teigroller zerkrümeln. In einer Schüssel mit der zerlassenen Butter und dem Zucker mischen. Den Boden einer Springform (Ø 22 cm) mit Backpapier auslegen.

2. Die Krümelmasse in die Springform geben und mit einem Löffelrücken auf dem ganzen Boden gleichmäßig verteilen und fest andrücken. Für 1 Stunde in den Kühlschrank stellen.

1

3-4. Eier, Zucker und Vanillemark schaumig rühren. Zitronensaft und Speisestärke hinzufügen, gut verrühren, anschließend den Frischkäse einarbeiten.

2

3

4

5

5. Zuletzt die flüssige Sahne unter die Käsemasse rühren.

6. Die Masse in die vorbereitete Form gießen, glatt streichen und im vorgeheizten Ofen bei 180 °C 40 Minuten backen. Anschließend mit Alufolie bedeckt bei 160 °C weitere 30–40 Minuten backen.

7. Den Cheesecake aus der Springform lösen, abkühlen lassen und mit Erdbeerkonfitüre bestreichen. Nach Geschmack mit frischen Früchten garnieren.

6

7

- Schiacciata mit Trauben -

Für eine Schiacciata von Ø 28 cm

400 g Dinkelmehl, 20 g frische Hefe
handwarmes Wasser, 120 g Zucker
8 EL natives Olivenöl extra
500 g blaue Trauben

2

1-2-3. Das Mehl in eine Schüssel sieben. Die Hefe in einer Tasse handwarmem Wasser auflösen, zu dem Mehl geben. 80 g Zucker und 4 EL Öl hinzufügen und alles zu einem Teig verkneten, eventuell noch etwas Wasser zugeben. Den Teig 10 Minuten kräftig durchkneten, mit einem Tuch zugedeckt 1 Stunde bei Zimmertemperatur gehen lassen.

4-5. Den Teig dritteln. Zwei Teile verkneten, ausrollen und eine gefettete 28-cm-Form mit hohem Rand so damit auslegen, dass der Teig leicht über den Rand steht. ¾ der entkernten Trauben darauf verteilen. Mit 20 g Zucker bestreuen und 2 EL Öl darüberlaufen lassen.

6-7-8. Den restlichen Teig ausrollen und die Trauben damit bedecken. Dabei Dellen in den Teigdeckel drücken, ohne ihn zu zerreißen. Die restlichen Trauben darauf verteilen und den überstehenden Teig vom Rand nach innen einschlagen. Erneut 30 Minuten gehen lassen.

5

6

7

8

Mit dem restlichen Zucker bestreuen und das restliche Öl darüberträufeln. Bei 180 °C etwa 30 Minuten backen.

- Kastanienkuchen -

Für einen Kuchen von Ø 28 cm

100 g Rosinen
500 ml warmes Wasser
400 g Kastanienmehl
2 EL Zucker
1 Prise Salz
6 EL natives Olivenöl extra
70 g Pinienkerne
Nadeln von einem Zweig Rosmarin

1. Die Rosinen in dem Wasser 30 Minuten quellen lassen, abgießen, gut ausdrücken und das Wasser auffangen. Das Kastanienmehl in einer Schüssel mit Zucker und Salz vermischen und mit dem Rosinenwasser zu einem glatten Teig verrühren. Diesen 2 Stunden ruhen lassen.

2. Die Rosinen und 2 EL des Öls unter den Teig rühren.

2

1

3

4

- Kastanien- oder Maronenmehl wird aus getrockneten Esskastanien gewonnen und ist in Bioläden erhältlich.
- Der in Italien Castagnaccio genannte Kuchen ist eine Spezialität aus der Toskana. Man isst ihn lauwarm und reicht mit Honig verrührten Ricotta dazu.

6

5

3. Den Teig in eine mit 2 EL Öl gefettete große Pieform füllen, in der er etwa 1 cm hoch steht.

4-5-6. Den Teig mit den Pinienkernen und dem Rosmarin bestreuen. Das restliche Öl darüberträufeln. Bei 200 °C im vorgeheizten Ofen etwa 30 Minuten backen, bis die Oberfläche knusprig ist und leichte Risse zeigt.

- Joghurtkranz mit Kaffee -

Für einen Kranz von Ø 20 cm

3 Eier, getrennt
180 g Zucker
150 g Naturjoghurt
250 g Mehl
½ Pk. Backpulver
2 EL löslicher Kaffee

2

1-2. Die Eigelbe mit dem Zucker in einer Schüssel schaumig rühren, dann den Joghurt untermischen. Das Mehl darübersieben, das Backpulver hinzufügen und alles mit dem Gummispatel gut verrühren.

1

3

■ Statt des löslichen Kaffeepulvers kann man auch Kaffee-Surrogat-Extrakt verwenden, der aus Gerste und Zichorie gewonnen wird.

3-4-5. Den Kaffee unter den Teig rühren. Die Eiweiße zu steifem Schnee schlagen, unter den Teig heben und diesen in eine gefettete, mit Mehl ausgestäubte glatte Kranzform füllen.

6. Den Kranz bei 180 °C etwa 45 Minuten backen. Mit dem Holzstäbchen prüfen, ob er gar ist. Hängt noch flüssiger Teig an dem Stäbchen, die Backzeit verlängern. Den ausgekühlten Kranz vor dem Servieren mit Puderzucker überstäuben.

- Kakao-Windbeutel -

Für etwa 500 g Brandteig

150 ml Wasser
150 g Butter
1 Prise Salz
150 g Mehl, gesiebt
2 EL Kakaopulver
4 Eier

1. Wasser, Butter und Salz in einem Topf geben und unter Rühren zum Kochen bringen. Das gesiebte Mehl auf einen Schlag in die kochende Flüssigkeit schütten, dabei ununterbrochen kräftig weiterrühren.

2. Die Masse weiter erhitzen und rühren, bis sie sich als Kloß vom Topfrand löst (abbrennt) und sich auf dem Topfboden eine dünne weiße Haut bildet.

3-4. Den Teig auf einem kalten Blech ausbreiten, damit er schneller auskühlt, dann in eine Schüssel umfüllen und den Kakao einarbeiten (nur für dieses Rezept, man kann Brandteig – je nach Verwendung – auch ohne Kakao zubereiten). Jetzt nacheinander die Eier unterrühren. Jedes Ei muss vollständig eingerührt sein, ehe man das nächste zugibt.

1

2

3

4

5-6-7. Wenn der Teig glatt und glänzend ist und weich vom Löffel fällt, einen Spritzbeutel mit Lochtülle damit füllen und auf ein mit Backpapier ausgelegtes Blech in größerem Abstand Teighäufchen spritzen. Im vorgeheizten Ofen bei 200 °C etwa 20 Minuten backen. Die Windbeutel vergrößern ihr Volumen um das Zwei- bis Dreifache und sind innen hohl – man kann sie nach Belieben füllen.

5

6

7

■ Brandteig ist sehr vielseitig. Man kann ihn mit Wasser, aber auch mit Milch herstellen und im Ofen backen (je mehr Dampf im Ofen ist, desto luftiger wird der Teig; deshalb eine Schale mit Wasser in den Herd stellen), in heißem Fett frittieren oder in heißer Flüssigkeit garen. Typische Gebäcke sind Windbeutel, Eclairs (Liebesknochen), Spritzkuchen und Profiteroles. Man füllt sie mit geschlagener Sahne, englischer Creme (siehe Seite 96) oder Konditorcreme (siehe Seite 97), die man beide nach Belieben aromatisiert.

- Makronen -

Für etwa 25 Makronen

60 g gemahlene Mandeln
110 g Puderzucker
2 Eiweiß
20 g Zucker
1 EL Himbeersirup

1-2. Mandeln und Puderzucker in einer Schüssel gut vermischen, auf einem Backblech ausbreiten und im vorgeheizten Ofen bei 150 °C 5–7 Minuten rösten, anschließend abkühlen lassen. Das Eiweiß zu steifem Schnee schlagen, dabei erst den Zucker und dann den Sirup zugeben.

3-4. Die Mandel-Zucker-Mischung über den Eischnee sieben, mit einem Gummispatel vorsichtig unterheben. Danach die Masse in einen Spritzbeutel füllen.

2

1

3

5. Ein Backblech mit Backpapier auslegen und mit dem Spritzbeutel kleine Teighäufchen nicht zu dicht nebeneinander auf das Blech spritzen. Die Makronen im vorgeheizten Ofen bei 150 °C etwa 12 Minuten backen und nach Belieben je zwei mit einer Füllcreme zusammensetzen.

4

5

Wir schlagen als Füllung eine Pfirsichcreme vor: Einen klein gewürfelten Pfirsich mit 40 g Zucker und dem Saft von einer halben Zitrone 5 Minuten kochen, durch ein Sieb streichen. Das Püree mit weiteren 10 g Zucker unter Rühren 5 Minuten kochen, dann 2 eingeweichte, ausgedrückte Blatt Gelatine darin auflösen. Das Ganze abkühlen lassen und mit 2 EL Konditorcreme (siehe Seite 97) oder etwas steif geschlagener Sahne verrühren. Je zwei Makronen mit der Creme verbinden.

- Katzenzungen -

Für etwa 30 Stück

50 g Butter
100 g Puderzucker
50 g Mehl, 1 Pk. Vanillezucker

1-2. Die Butter in einer Schüssel zimmerwarm und weich werden lassen. Anschließend schaumig rühren, dabei portionsweise den Puderzucker einarbeiten, bis eine dicke, cremige Masse entstanden ist.

3. Nach und nach das gesiebte Mehl und den Vanillezucker unterrühren.

4. In zwei Portionen das ungeschlagene, zimmerwarme Eiweiß einarbeiten, bis eine glatte, homogene Masse ohne Klümpchen entstanden ist.

1

2

3

4

5-6. Den Teig in einen Spritzbeutel mit Lochtülle (Ø 5 mm) füllen und auf ein mit Backpapier ausgelegtes Blech 5–6 cm lange Streifen spritzen. Zwischen den Streifen mindestens 4 cm Abstand lassen, denn der Teig zerläuft beim Backen und die Katzenzungen würden sonst aneinanderkleben.

7. Die Katzenzungen im vorgeheizten Ofen bei 200 °C 7–8 Minuten backen, bis sie zart gebräunt sind. Nach Belieben mit Puderzucker bestäuben, wenn sie ausgekühlt sind.

■ Frisch aus dem Ofen und noch heiß sind die Katzenzungen so weich, dass man sie um den Stiel eines Kochlöffels zu Röllchen oder Spiralen formen kann. In einer luftdicht schließenden Dose halten sie sich eine Zeitlang frisch und knusprig.

- Weiße Schokomuffins mit Matcha -

Für 4–6 Muffins

3 Eier, 150 g Zucker
120 g Butter, zerlassen
200 g Mehl, ½ Pk. Backpulver
100 g weiße Schokolade, geschmolzen
1½ TL Matcha (Grünteepulver)
Puderzucker

1. Eier und Zucker in einer Rührschüssel mit dem Elektroquirl aufschlagen, bis eine dickliche Creme entstanden ist.

2-3. Mit dem Holzlöffel erst die Butter, dann nach und nach das gesiebte, mit dem Backpulver vermischte Mehl einrühren.

4. Die Hälfte des Teigs in eine andere Schüssel füllen und mit dem Matcha verrühren, unter die andere Hälfte die Schokolade mischen.

2

1

3

5-6. Ein Muffinblech fetten. In jede Vertiefung etwas von dem grünen, darüber den weißen Teig geben und mit einer Gabel ganz leicht vermischen. Bei 170 °C etwa 25 Minuten backen.

7. Mit einem Holzstäbchen die Garprobe machen. Die Muffins aus der Form lösen und abgekühlt mit Puderzucker überstäuben.

- Krapfen -

Für 12 Stück

400 g Mehl, 100 g Zucker
60 g Butter, in Flöckchen
1 unbehandelte Zitrone
12 g frische Hefe, 125 ml lauwarme Milch
Öl zum Ausbacken
Zucker zum Bestäuben

1-2. Mehl, Zucker und weiche Butter in eine Schüssel geben, die Schale der Zitrone darüber abreiben.

3-4. Die Hefe in einer kleinen Schüssel zerbröseln, die lauwarme Milch hinzufügen, 5 Minuten ruhen lassen, durchrühren und zu den anderen Zutaten geben. Alles mit dem Kochlöffel 10 Minuten gut durcharbeiten (eventuell mehr Milch zugeben), bis ein weicher, glatter Teig entsteht.

1

2

3

4

5

5. Den Teig zugedeckt bei Zimmertemperatur 2 Stunden gehen lassen.

6-7. Den Teig durchkneten, auf bemehlter Arbeitsfläche etwa 1,5 cm dick ausrollen und mit einem Ausstecher Teigkreise von 7–8 cm Durchmesser ausstechen.

6

7

■ Die Krapfen nach Geschmack mit Konfitüre füllen. Diese dazu in einen Spritzbeutel mit langer Fülltülle geben.

8-9-10. Die Teigkreise mit einer Palette auf ein mit Mehl bestäubtes Küchenhandtuch legen und zugedeckt erneut 1 Stunde gehen lassen, bis sie ihr Volumen verdoppelt haben.

11-12. Das Öl auf 180 °C erhitzen. Je 3 Krapfen auf einmal hineingeben und 3–4 Minuten ausbacken. Mit der Schaumkelle im Öl wenden und goldbraun backen.

8

9

10

11

13-14. Die Krapfen aus dem Öl heben, auf Küchenpapier abtropfen lassen und beidseitig in Zucker wenden, gefüllt oder ungefüllt, heiß oder kalt verzehren.

- Apfelbeignets mit Zabaione -

Für etwa 36 Beignets

2 Eier, 50 g Zucker
150 g Mehl, 1 Prise Salz
125 ml Milch, 3–4 Äpfel
Paniermehl
Öl zum Frittieren

Für die Zabaione
2 Eier, 2 EL Zucker
125 ml Vin Santo (oder Marsala)

1

2

3

1. Die Eier mit Zucker, Salz und Mehl in eine Schüssel geben und unter langsamem Hinzufügen der Milch zu einem glatten, zähflüssigen Teig verrühren.

2-3-4. Die Äpfel schälen und mit dem Kugelausstecher etwa 36 Kugeln ausstechen. Haushaltshandschuhe anziehen und alle Apfelkugeln durch den Teig ziehen, bis sie ganz bedeckt sind. Dann in einer Schale mit Paniermehl wenden und in dem auf 180 °C erhitzten Öl ausbacken, bis sie rundherum goldbraun sind. Auf Küchenpapier abtropfen lassen.

5. Für die Zabaione Eier, Zucker und Vin Santo im Schlagkessel über dem Wasserbad aufschlagen, bis die Masse dicklich wird. Auf Teller geben, die Beignets darauf anrichten und mit Puderzucker überstäuben.

4

5

- Quarkschmarren -

Für 4 Portionen (als Dessert)

150 g Quark
50 ml saure Sahne
abgeriebene Schale von einer unbehandelten Orange
abgeriebene Schale von einer unbehandelten Zitrone
20 g Speisestärke
2 Eier, getrennt
20 g Butter
50 g Zucker

Für den Ingwerschaum

125 ml Milch
125 ml Sahne
50 g Zucker
1 TL Ingwerpulver oder frisch geriebener Ingwer
10 g Speisestärke

1

1. Quark, saure Sahne, Zitrusschalen, Speisestärke und Eigelbe in einer Schüssel gut miteinander verrühren.

2. Das Eiweiß mit der Hälfte des Zuckers zu steifem Schnee schlagen und unter die Quarkmasse heben.

2

3

3. Die Butter in einer ofenfesten Pfanne zerlassen, den restlichen Zucker darin karamellisieren. Anschließend die Quarkmasse hineingeben und den Schmarren 3 Minuten anbraten. Dann die Pfanne in den auf 200 °C vorgeheizten Ofen stellen und 8 Minuten überbacken.

4. Inzwischen Milch, Sahne, Zucker und Ingwer zusammen in einem Topf zum Kochen bringen. Die Speisestärke mit etwas Milch anrühren, dazugeben und aufwallen lassen, mit dem Stabmixer schaumig aufmixen.

5. Den Schmarren mit 2 Löffeln in Stücke reißen, auf Tellern mit dem Ingwerschaum anrichten, mit etwas Puderzucker überstäubt servieren.

- Crêpes mit Orangenfüllung -

Für 8 Crêpes

125 g Mehl, 60 g Zucker
Mark einer Vanilleschote
1 Prise Salz, 300 ml Milch
3 Eier, 40 g Butter, zerlassen
2 EL Cognac, Orangenkonfitüre

1. Das gesiebte Mehl, Zucker, Vanillemark und das Salz in eine Schüssel geben. 250 ml Milch mit dem Schneebesen oder einem Kochlöffel (oder auch dem Elektroquirl) einrühren, bis ein völlig glatter, ziemlich flüssiger, samtiger Teig entstanden ist. Mit einem Küchentuch zugedeckt mindestens 1 Stunde ruhen lassen.

1

2

3

4

5

6

2. In einer Schüssel die Eier mit der restlichen Milch mit einer Gabel verschlagen und unter den Teig mischen. Zuletzt die zerlassene Butter und den Cognac einrühren.

3-4. Eine antihaftbeschichtete Crêpepfanne erhitzen. Mit einer kleinen Schöpfkelle etwas Teig in die schräg gehaltene Pfanne gießen und diese leicht bewegen, damit sich der Teig gleichmäßig dünn verteilt. Löst sich die Crêpe beim Rütteln der Pfanne von selbst vom Boden, mit den Fingern wenden.

5. Die fertige Crêpe auf einen vorgewärmten Teller gleiten lassen. Den Teig gut durchrühren, ehe man erneut eine Kelle davon in die Pfanne gibt, um die nächste Crêpe zu backen.

6-7-8. Wenn alle Crêpes fertig sind, etwas leicht angewärmte Orangenmarmelade in die Mitte jeder Crêpe geben, mit dem Löffelrücken verstreichen und die Crêpe zu einem Dreieck falten. Je zwei Crêpes auf einen Teller geben, mit Puderzucker überstäuben und heiß servieren.

7

8

1

2

3

4

5

6

7

8

9

- Süßes zum Löffeln -

Utensilien

1. **Spitzsiebe:** Sie sind zum Absieben von Soßen, in denen sich Klümpchen gebildet haben, ebenso geeignet wie zum Filtern von Fruchtsoßen, um Kerne, Schalen und Stielreste zurückzuhalten. Da sie aus kräftigem Edelstahl sind, kann man Früchte mit dem Pistil fest darin ausdrücken, um möglichst viel Saft zu gewinnen.

2. **Dekorative Glasschale:** Eine solche Schale mit Stiel ist ideal, um ein zum Stürzen zu weiches Dessert in „gehobener" Weise zu servieren.

3. **Elektrischer Handmixer:** Er ist sehr nützlich, um ohne viel Kraftaufwand süße Sahne und Eiweiß zu schlagen oder Cremes und leichte Teige zu rühren.

4. **Stabmixer:** Ein elektrischer Mix- und Rührstab mit auswechselbaren Schneidmessern und Schlagscheiben eignet sich hervorragend zum Aufschlagen kleiner Mengen von Sahne oder Eiweiß sowie zum Pürieren und Aufschäumen.

5. **Stielkasserolle aus Edelstahl:** Unverzichtbar, um Flüssigkeiten (zum Beispiel Milch) oder Butter zu erwärmen, die man danach in dünnem Strahl unter Rühren zu einer Masse gibt, denn am Stil kann man den heißen Topf gut halten.

6. **Spritzbeutel:** Unerlässliches Hilfsmittel, um Desserts und Torten mit effektvollen Dekors aus Sahne oder Creme zu garnieren, Teige auf das Backblech zu spritzen oder Krapfen zu füllen. Dazu gehören verschiedene Tüllen mit unterschiedlich geformten Öffnungen.

7. **Streudose:** Ein praktisches Utensil, um ein Dessert mit Zucker, Zimtzucker, Puderzucker oder Kakao zu überstäuben.

8. **Kranz- und Gugelhupfform:** In diesen antihaftbeschichteten Formen kann man nicht nur Kuchen backen, sondern auch Cremes und Flammeris zum Stürzen auskühlen lassen.

9. **Ofenfeste Terrinenförmchen:** Solche Förmchen aus Porzellan oder Metall – es gibt sie auch aus Glas – sind sowohl geeignet, um kleine Soufflés oder Minikuchen zu backen oder Cremes im Wasserbad stocken zu lassen, als auch um Cremes darin erkalten zu lassen, die man dann stürzen möchte.

- Erdbeermousse -

Für 4 Portionen

250 g Erdbeeren, 100 g Zucker
Saft einer halben Zitrone
250 ml süße Sahne, 3 Blatt Gelatine

1-2. Die Erdbeeren waschen, zupfen, pürieren und durch ein feines Sieb streichen. 2 EL des Pürees abnehmen, um die Gelatine darin zu lösen.

1

2

3

4

5

6

3. Zucker und Zitronensaft in das Erdbeerpüree rühren. Die in Wasser eingeweichte, gut ausgedrückte Gelatine in dem restlichen, erhitzten Püree völlig auflösen und ebenfalls untermischen.

4. Die Sahne steif schlagen und mit einem Spatel vorsichtig unter das Püree mischen.

5-6. Die Erdbeermousse auf Gläser verteilen, im Kühlschrank mindestens 4 Stunden stocken lassen. Danach nach Geschmack dekorieren und zu Tisch bringen.

- Panna cotta -

Für 4–6 Portionen

3 Blatt Gelatine, 1 Vanilleschote
500 ml süße Sahne, 150 g Zucker

1. Die Gelatineblätter in einer Schale mit kaltem Wasser 10 Minuten weichen lassen.

2. Die Vanilleschote mit der Spitze eines scharfen Messers längs aufschlitzen und mit dem Messerrücken das Mark ausschaben. (Die Panna cotta enthält dann schwarze Pünktchen; möchte man das nicht, die Stange nur aufschlitzen.)

3-4. Die Sahne mit dem Vanillemark und Zucker in einer Stielkasserolle erhitzen, aber nicht kochen lassen. Die Gelatine gut ausdrücken, zur Sahne geben und darin auflösen.

5-6. Die Sahne durch ein Haarsieb in eine Schüssel umfüllen (eventuelle Gelatineklümpchen werden so ausgefiltert) und mit einer Kelle in Portionsschälchen geben, die man vorher mit kaltem Wasser – wahlweise auch mit etwas Rum – ausgeschwenkt hat. Für mindestens 5 Stunden in den Kühlschrank stellen.

2

3

1

4

5

6

7

7-8. Zum Stürzen die Schälchen einige Sekunden in kochendes Wasser halten. Mit der Klinge eines dünnen, scharfen Messers am Rand entlangfahren und auf Teller stürzen.

9. Die Panna cotta nach Belieben mit Frucht-, Schokoladen- oder Karamellsoße beziehungsweise frischen Früchten servieren.

8

9

- Crema catalana -

Für 4 Portionen

500 ml Milch
1 unbehandelte Zitrone
100 g Zucker, 1 Zimtstange
25 g Speisestärke
4 Eigelb
4 EL brauner Zucker

1-2. Die Milch in eine Stielkasserolle geben und die Zitronenschale direkt darüber abreiben. Die Hälfte des Zuckers und die Zimtstange hinzufügen und unter Rühren zum Kochen bringen.

3. Die Speisestärke mit etwas Milch anrühren. In einer Schüssel die Eigelbe mit dem restlichen Zucker schaumig rühren, die angerührte Speisestärke dazugeben.

1

2

3

4

4. Die Masse gut verrühren, dann die heiße Milch durch ein Haarsieb dazugeben und wiederum gut verrühren (die Zimtstange entfernen). Das Sieb auf den Milchtopf setzen, die Crememasse in den Milchtopf zurückgeben und unter ständigem Rühren bei starker Hitze zum Kochen bringen. 2 Minuten kochen, bis eine glatte, dickliche Creme entstanden ist.

5. Die Creme in eine große, nicht zu hohe Schale füllen (oder in 4 Portionsschalen) und einige Stunden in den Kühlschrank stellen, bis sie fest geworden ist.

5

6

7

8

6-7-8. Die Creme vor dem Servieren mit braunem Zucker bestreuen und diesen mit einem Gasbrenner schmelzen, bis sich eine Karamellkruste gebildet hat. (Alternativ die Creme unter den Backofengrill stellen.)

- Bayerische Creme mit Schokolade -

Für 6 Portionen

12 Blatt Gelatine, 60 g dunkle Schokolade
250 ml Milch, 100 g Zucker
abgeriebene Schale einer unbehandelten Zitrone, 1 Vanilleschote,
3 Eigelb, 250 ml Sahne, Brandy

1-2-3-4. Die Gelatine in kaltem Wasser einweichen. Die Schokolade grob hacken und im Wasserbad (oder in der Mikrowelle) schmelzen. Die Milch mit Zucker, Zitronenschale und der aufgeschlitzten Vanilleschote auf mittlerer Hitze zum Kochen bringen.

5-6. Die Eigelbe aufschlagen und kellenweise die heiße Milch zugeben, bis eine schaumige Creme entstanden ist.

7-8. Die geschmolzene Schokolade und die gut ausgedrückte Gelatine dazugeben.

9. Die Masse gut durchrühren und durch ein Haarsieb in eine Schüssel umfüllen.

10-11. Die Sahne steif schlagen. Sobald die Creme angezogen hat (wenn man mit dem Löffel hindurchfährt, bildet sich eine „Straße", die langsam wieder zerläuft), die Sahne untermischen. Eine Ringform mit Brandy ausschwenken und die Masse einfüllen. Für mindestens 4 Stunden in den Kühlschrank stellen.

10

9

11

12-13-14. Zum Stürzen die Form einige Sekunden in kochendes Wasser halten, Form abtrocknen und auf einen flachen Teller stürzen. Die Creme nach Belieben mit Schokoröllchen garnieren und servieren.

12

13

■ Statt mit Schokolade kann man die Bayerische Creme auch mit Fruchtpüree zubereiten oder mit Likör aromatisieren.

14

- Schokotörtchen mit zerfließendem Herz -

Für 4–6 Portionen

100 g Schokolade (70% Kakaoanteil)
70 g Butter
1 Ei, 2 Eigelb, 30 g Zucker
15 g Mehl
Butter und Zucker für die Förmchen

1-2. Die grob gehackte Schokolade zusammen mit der Butter im Wasserbad unter Rühren schmelzen, bis eine homogene Masse entstanden ist.

3-4-5. Die Eier mit dem Zucker cremig aufschlagen. Die geschmolzene Schokolade einrühren. Das Mehl darübersieben und mit dem Spatel vorsichtig unterheben.

1

2

3

4

■ Je nach Geschmack kann man die Schokoladen-Butter-Masse mit Zimt, Peperoni oder anderen Kräutern aromatisieren.

5

6

7

8

9

6-7-8. Die Portionsförmchen mit geschmolzener Butter auspinseln und mit Zucker auskleiden. Den Teig einfüllen, 2 Stunden im Kühlschrank ruhen lassen.

9. Die Schokotörtchen bei 160 °C 8–10 Minuten backen, vorsichtig auf Teller setzen und 5 Minuten ruhen lassen. Danach mit Puderzucker überstäuben und servieren.

- Crème caramel -

Für 6 Portionen

250 ml Milch, 1 Vanilleschote
100 ml Sahne, 3 Eier, 2 Eigelb
80 g Zucker

Für den Karamellspiegel

100 g Zucker, 1 – 2 EL Wasser

1-2. Die Milch in eine Stielkasserolle geben und zusammen mit der aufgeschlitzten Vanilleschote zum Kochen bringen. Danach vom Herd nehmen und die Vanille 30 Minuten darin ziehen lassen, anschließend erneut erhitzen. Kurz bevor die Milch gebraucht wird, die Sahne einrühren.

3-4. Während die Vanille in der Milch zieht, die Eier und Eigelbe in einer Schüssel mit dem Zucker aufschlagen. Dann die durch die Sahne abgekühlte Milch dazugeben und durchrühren.

5-6-7. Für den Karamell den Zucker in eine Kasserolle geben und erhitzen. Erst rühren, wenn der Zucker am Rand zu schmelzen beginnt. Dann unter langsamem Rühren zart bräunen, eventuell Wasser zugeben (der Karamell wird erst hart, löst sich dann aber wieder). Jedes Förmchen etwa 3 mm hoch mit Karamell füllen. Die Förmchen bewegen, damit sie innen ganz mit Karamell ausgekleidet sind.

8-9. Die vorbereitete Creme durch einen Trichter in die karamellisierten Förmchen füllen. Diese in eine Schale mit heißem Wasser stellen (das Wasser sollte bis 2 cm unter den Rand der Förmchen reichen).

10-11. Die Schale in den auf 180 °C vorgeheizten Ofen stellen und die Creme 20 Minuten stocken lassen. Abkühlen und dann 4 Stunden im Kühlschrank völlig durchkühlen lassen. Vor dem Servieren auf Teller stürzen.

8

9

10

11

- Ist von dem Karamell ein Rest geblieben, kann man ihn mit Wasser aufkochen und als zusätzliche Karamellsoße zu der Creme reichen.
- Die Creme selbst kann auf vielerlei Arten variiert werden, etwa durch Zugabe von Kaffee, geschmolzener Schokolade oder fein geriebenen Mandeln. Möchte man nur den Vanillegeschmack verstärken, lässt man die Schote länger in der Milch ziehen oder gibt das ausgekratzte Mark oder 1 TL Vanilleessenz zu der Milch. Darüber hinaus kann man kann die Creme mit Alkoholika, am besten Rum, aromatisieren.

- Gestürzter Schokoflammeri -

Für 8 Portionen

1 l Milch, 100 g Butter
100 g dunkle Schokolade (gehackt)
60 g Speisestärke, 50 g Kakaopulver
150 g Zucker

1. Die Milch zum Kochen bringen, vom Herd nehmen und Butter sowie Schokolade unter Rühren darin schmelzen.

2-3. Die Speisestärke und das Kakaopulver in eine Schüssel sieben, den Zucker dazugeben und die Schokomilch einrühren.

4-5. Die Masse in den Topf zurückgeben, auf den Herd stellen und bei mittlerer Hitze unter Rühren einmal kräftig aufwallen lassen. Die Förmchen mit Rum (beziehungsweise Cognac/Orangenlikör oder kaltem Wasser) auspinseln, damit sich der Flammeri später besser löst.

1

2

3

4

5

6

7

8

6. Die vorbereiteten Förmchen mit der heißen Flammerimasse füllen, abkühlen lassen und dann für mindestens 2 Stunden in den Kühlschrank stellen.

7-8. Wenn sich die Flammeris nicht sofort von selbst aus der Form lösen, mit der dünnen Klinge eines scharfen Messers am Innenrand der Form entlangfahren. Die Flammeris mit einer Orangensoße oder mit leicht geschlagener Sahne servieren.

- Tiramisu -

Für 8 Portionen

6 sehr frische Eier (getrennt)
150 g Zucker
500 g Mascarpone
125 ml Espresso
60 ml Marsala
300 g Löffelbiskuits
2 EL Kakaopulver
Schokotropfen

1-2. Die Eigelbe mit dem Zucker in einer Schüssel schaumig rühren (am besten mit dem Elektroquirl). Den Mascarpone in einer anderen Schüssel glatt rühren, dann zur Eiercreme geben und mit einem Spatel gut verrühren.

3. Die Eiweiße zu steifem Schnee schlagen (eventuell eine Prise Salz oder Weinsteinpulver zugeben) und mit dem Spatel unter die Mascarponemasse heben.

4. In einer flachen Schale Espresso und Marsala mischen. Die Löffelbiskuits nacheinander mit einer Seite hineintauchen, dann rasch in eine große flache Schale legen, bis deren Boden bedeckt ist.

2

3

1

4

5

5. Die Hälfte der Mascarponecreme auf den Löffelbiskuits verteilen und glattstreichen. 1 EL Kakao in ein kleines Sieb geben und die Oberfläche der Creme damit überstäuben.

6-7-8. Eine zweite Lage Löffelbiskuits, die zuvor ebenfalls in die Espresso-Marsala-Mischung getaucht wurden, darauf verteilen und die restliche Mascarponecreme gleichmäßig darübergeben. Erneut großzügig mit Kakao überstäuben. Bis zum Verzehr im Kühlschrank aufbewahren, jedoch mindestens 3 Stunden. Vor dem Servieren mit Schokotropfen garnieren. Innerhalb eines Tages verzehren, da die Creme rohe Eier enthält!

7

6

8

- Zuppa inglese -

Für 4 Portionen

500 ml Milch, 1 Stück Zitronenschale
5 Eigelb, 175 g Zucker, 45 g Speisestärke
75 g Kuvertüre (geschmolzen)
Löffelbiskuits, Alchermes, Kakao

1-2. Die Milch mit der Zitronenschale aufkochen. Die Eigelbe in einer Schüssel mit dem Zucker und der Speisestärke verrühren. Die heiße Milch unter Rühren zugeben, in den Topf zurückfüllen und einmal aufwallen lassen. Die Hälfte der Creme in einer Schüssel mit der geschmolzenen Kuvertüre vermischen.

1

2

3

4

3-4-5-6. Die Löffelbiskuits in den Alchermes (oder einen anderen Likör) tauchen und auf den Boden der Portionsschale legen. Einen Löffel helle Creme daraufgeben, danach wieder Löffelbiskuits, die Schokocreme und noch einmal Biskuits. Mit der hellen Creme abschließen. Die Schalen 1 Stunde in den Kühlschrank stellen.

5

6

7

8

7-8. Vor dem Servieren mit Kakao überstäuben. Anstelle der Löffelbiskuits kann man Reste von Tortenbiskuit oder trocken gewordenen Rühr-, Sand- oder Marmorkuchen verwenden.

- Charlotte mit Schokocreme -

Für 6–8 Portionen

500 ml Milch, 1 Vanilleschote
6 Blatt Gelatine, 3 Eigelb, 100 g Zucker
75 g Kuvertüre (geschmolzen)
250 g Sahne, Löffelbiskuits

1-2. Die Milch mit der aufgeschlitzten Vanilleschote zum Kochen bringen. Vom Herd nehmen und 10 Minuten ziehen lassen. Inzwischen die Gelatine in kaltem Wasser einweichen und die Eigelbe mit dem Zucker aufschlagen. Anschließend kellenweise die heiße Milch zugeben, bis eine schaumige Creme entstanden ist.

3. Die Creme in den Milchtopf zurückgeben und bei schwacher Hitze unter ständigem Rühren so weit erwärmen, bis die Creme leicht dickt und gut bindet; sie darf aber keinesfalls kochen, da sie sonst gerinnt.

1

2

3

4

5

4. Die geschmolzene Schokolade und die gut ausgedrückte Gelatine zu der Masse geben und gut durchrühren, anschließend durch ein Haarsieb in eine Schüssel umfüllen. Rühren und abkühlen lassen, bis die Masse anzieht (wenn man mit dem Löffel hindurchfährt, bildet sich eine „Straße", die langsam wieder zerläuft).

5-6. Die Sahne steif schlagen und portionsweise unter die Creme heben, beiseitestellen.

7-8. Eine zylindrische Charlottenform (Ø 18 cm, 11 cm hoch) mit Wasser auspinseln und mit Klarsichtfolie auskleiden.

6

8

7

■ Statt der Löffelbiskuits kann man auch passend geschnittene Scheiben von Tortenbiskuit oder Sandkuchen verwenden.

9. Die Löffelbiskuits mit der gezuckerten Seite nach außen leicht schräg in die Form stellen, sodass sie sich ein wenig überlappen.

10. Vorsichtig mit einer Kelle etwas vorbereitete Creme einfüllen und den Stand der Löffelbiskuits gegebenenfalls noch einmal korrigieren.

13

Die Form ganz füllen, die Oberfläche glatt streichen und mit Löffelbiskuits abdecken. Für mindestens 4 Stunden in den Kühlschrank stellen.

11-12-13. Die Charlotte auf eine Platte stürzen, die Klarsichtfolie entfernen; mit Sahne aus dem Spritzbeutel und Schokoraspeln garnieren.

Gelatine wird in dünnen, langen Blättern, in etwas dickeren Blättern und gemahlen als Pulver angeboten. Anhand der Angaben auf der Verpackung kann man sehen, wie viel man braucht. Gelatine immer erst in Wasser einweichen und quellen lassen.

- Mont Blanc -

Für 6 Portionen

500 g küchenfertige Maronen
500 ml Milch, 1 Vanilleschote
200 g Zucker
2 cl Rum
250 ml Sahne, geschlagen
glasierte Maronen

1

2

3

1. Die geschälten Maronen mit der Milch und der längs aufgeschlitzten Vanilleschote in eine Kasserolle geben. Bei mittlerer Hitze köcheln lassen, bis die Maronen weich sind und die Milch verkocht ist.

2-3. Die Maronen portionsweise durch eine Kartoffelpresse in eine Schüssel drücken, Zucker und Rum hinzufügen.

4. Das Püree glatt rühren (bei Bedarf etwas Milch zugeben) und erneut durch die Presse auf einen Servierteller drücken, sodass ein hoher Berg entsteht.

5-6. Den gesamten Berg mithilfe eines Spritzbeutels mit Sterntülle mit Rosetten aus geschlagener Sahne bedecken und mit glasierten Maronen dekorieren.

Küchenfertige Maronen gibt es aus der Packung oder der Dose. Frische Maronen mit einem scharfen Messer leicht einritzen, auf ein Blech legen und bei 250 °C etwa 20 Minuten rösten, dann noch heiß schälen.

- Kaffee-Halbgefrorenes -

Für 8 Portionen

120 g Zucker, 100 ml Wasser
5 Eigelb, 250 ml Sahne
250 ml starker Kaffee, Kaffeepulver

Für die Garnierung
Mokkabohnen aus Schokolade

1

2

3

4

1. Zucker und Wasser in einer Kasserolle sprudelnd kochen, bis der Sirup 112 °C heiß und dicklich ist (etwa 8 Minuten, siehe „Sirup“ Seite 189). Die Eigelbe mit dem Elektroquirl schaumig schlagen, dabei den abgekühlten Sirup einlaufen lassen.

2-3. Den Kaffee in die Masse einrühren. Nebenher die Sahne steif schlagen. Die Hälfte davon mit dem Elektroquirl in die Masse einrühren, den Rest mit dem Gummispatel unterheben.

4-5. Gemahlenen Kaffee auf den Boden einer Kastenform streuen. Die vorbereitete Masse mit einer Kelle in die Form füllen. Für mindestens 2 Stunden in den Gefrierschrank stellen.

6-7. Zum Stürzen die Form einige Sekunden in kochendes Wasser halten, dann die Form abtrocknen und auf einen flachen Teller stürzen. Das Halbgefrorene in Scheiben schneiden und nach Belieben mit Mokkabohnen und Sahnetupfen garnieren.

- Erdbeersorbet -

Für 4 Portionen

500 g Erdbeeren
250 ml Zuckersirup (zum Faden gekocht)
Saft einer Zitrone
1 Eiweiß

1. Die gewaschenen, gezupften Erdbeeren grob zerkleinern, dabei alle unschönen Stellen wegschneiden.

2-3. Die Erdbeeren in den Mixer geben. Zusammen mit dem Zitronensaft und dem Zuckersirup zu einer glatten Masse pürieren.

■ Die Anleitung, wie man Zucker und Wasser „zum Faden" kocht, befindet sich auf Seite 189, Stichwort „Sirup".

4

5

6

4-5. Die Erdbeermasse in eine Eismaschine füllen oder in einen tiefen Gefrierbehälter gießen und 10 Minuten anfrieren lassen. Inzwischen das Eiweiß mit einer Gabel zu einem leichten Schaum schlagen und zu der Mischung in der Maschine geben oder mit dem Elektroquirl unter die angefrorene Masse arbeiten.

6. Nochmals 15 Minuten in der Eismaschine (30 Minuten im Gefriergerät) cremig gefrieren lassen, anschließend auf Portionsschälchen verteilen und servieren.

- Mokkasorbet -

Für 4–6 Portionen

250 ml Zuckersirup
250 ml starker Mokka
250 ml süße Sahne

1

2

3

1. Zucker und Wasser in einer Kasserolle zum Faden kochen (siehe Seite 189, „Sirup") oder schon vorhandenen Sirup verwenden.

2. Für den starken Mokka 6 gehäufte Messlöffel gemahlenen Kaffee mit 250 ml kochendem Wasser aufbrühen, anschließend mit dem Sirup mischen.

3-4. Die Sahne steif schlagen und vorsichtig mit dem Gummispatel unter die abgekühlte Sirupmasse mischen. In eine große Gefrierschale füllen und 2 Stunden in den Gefrierschrank stellen.

5-6. Die leicht gefrorene Mokkamasse mit dem elektrischen Handrührer durcharbeiten, um sie aufzulockern, danach sofort auf kleine gläserne Servierschalen verteilen und servieren.

4

5

6

- Matcha-Eiscreme -

Für 4 Portionen

300 ml Milch
5 TL Matcha (Grünteepulver)
100 g Zucker
350 ml Sahne
3 Eigelb

1

2

3

1-2. Die Milch erhitzen (nicht kochen), Matcha zugeben und 6 Stunden ziehen lassen.

3-4-5. Zucker, Sahne und Eigelbe zur Milch geben. Unter Rühren erhitzen, bis die Masse anzieht, dann durch ein feines Sieb in eine Schüssel gießen. Kalt werden lassen und in die Eismaschine füllen oder für 1 Stunde in das Gefriergerät stellen.

4

5

6

6. Die Schüssel aus dem Gefriergerät nehmen, die angefrorene Masse mit dem Elektroquirl durcharbeiten und erneut in das Gefriergerät stellen. Den Vorgang zweimal wiederholen (man verhindert so, dass sich Eiskristalle bilden), dann ganz durchfrieren lassen. Vor dem Servieren 15 Minuten in den Kühlschrank stellen.

- Englische Creme -

Für etwa 600 g Creme

500 ml Milch
1 Vanilleschote (längs aufgeschlitzt)
6 Eigelb
100 g Zucker

1-2. Die Milch mit der Vanilleschote zum Kochen bringen. Die Eigelbe mit dem Zucker in einem Schlagkessel cremig verrühren.

3. Kellenweise die heiße Milch hinzufügen, nach jeder Zugabe gut verrühren.

4. Den Schlagkessel auf das heiße Wasserbad setzen und unter ständigem Rühren erhitzen, bis die Creme 80 bis maximal 85 °C heiß ist. Anschließend den Kessel auf Eiswasser setzen und die Creme schlagen, bis sie kalt ist.

1

2

3

4

■ Die Creme pur als Soße zu Süßspeisen oder als Grundcreme für Speiseeis verwenden. Sie kann – je nach Dessert und Geschmack – beliebig aromatisiert werden.

- Konditorcreme -

Für etwa 1,3 kg Creme

1 l Milch, 1 Vanilleschote
200 g Zucker
6 Eigelb
80 g Speisestärke (oder Mehl)

1

2

■ Die heiße Creme kann man mit geschlagenem Eiweiß, die kalte mit geschlagener Sahne auflockern. Man kann ihr zudem geschmolzene Schokolade untermischen und sie mit Essenzen und Likören aromatisieren.

1. Zwei Drittel der Milch mit der aufgeschlitzten Vanilleschote zum Kochen bringen.

2. In einer Schüssel Zucker, Eigelbe und Speisestärke (oder Mehl) mit der restlichen Milch sehr gründlich verrühren, bis die Masse vollkommen glatt ist.

3. Sobald die Milch kocht, die Mischung unter Rühren mit dem Schneebesen hineingießen. Die Creme unter ständigem Rühren mehrmals aufwallen lassen, vom Herd nehmen und die Vanilleschote entfernen. Die Creme zum Abkühlen in eine Schale geben und mit Puderzucker bestäuben oder Klarsichtfolie direkt auf die Creme legen, damit sich keine Haut bildet. Bis zum Gebrauch im Kühlschrank aufbewahren.

3

- Fruchtcoulis -

Für 400 g Coulis

300 g rote Früchte
100 g Zucker
Saft einer halben Zitrone
2 EL Maraschino (nach Belieben)

1-2. Die gewaschenen, gut abgetropften und geputzten Früchte im Mixer (oder mit dem Stabmixer) pürieren und in einen Topf geben. Den Zucker hinzufügen und durchrühren.

3-4. Das Fruchtpüree auf den Herd setzen, den Zitronensaft zugeben und bei mittlerer Hitze unter ständigem Rühren etwa 15 Minuten leicht einkochen lassen. In eine Schüssel umfüllen (je nach Bedarf Kerne und Schalenreste ausfiltern) und nach Geschmack mit etwas Likör oder klarem Fruchtgeist aromatisieren.

■ Man kann die Coulis grundsätzlich aus allen Früchten herstellen. Sie dient als Fruchtsoße zu gestürzten Cremes und Flammeris. Man kann sie aber auch der Grundmasse für Cremes und Speiseeis zusetzen.

- Zabaione -

Für 4 Portionen

250 ml Marsala, 1 Vanilleschote
3 Eigelb, 125 g Zucker

1. Den Marsala erhitzen und die längs halbierte Vanilleschote hineingeben. 20 Minuten marinieren lassen.

2-3-4. Eigelbe und Zucker in einem Schlagkessel über dem Wasserbad aufschlagen, dabei den Marsala zugeben, bis die Masse etwa 80 °C heiß ist. Jetzt entweder sofort servieren oder durch ein Spitzsieb in eine Schüssel geben und über Eis kalt rühren, falls man die Zabaione als Grundcreme für andere Zubereitungen verwenden will.

1

2

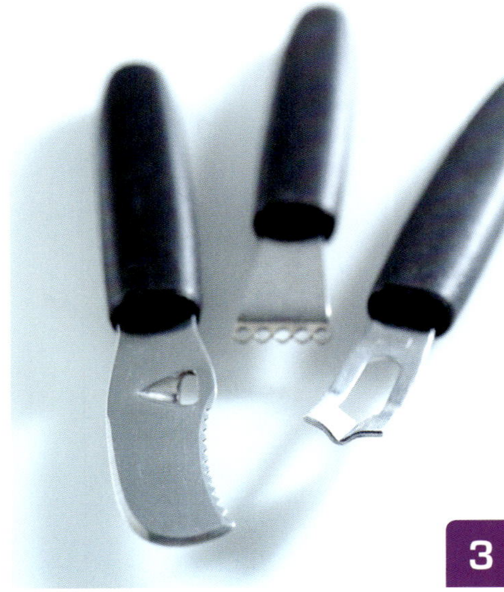
3

4

5

6

7

8

9

- Eingemachtes und Süßes mit Früchten -

Utensilien

1. **Edelstahlschale:** Sie eignet sich nicht nur, um Obst und Früchte darin zu waschen, sondern auch, um gewaschene, geputzte Früchte darin aufzubewahren, bis man sie zur Weiterverarbeitung benötigt.

2. **Sieb:** Unverzichtbar, um Früchte, die man gewaschen hat, abtropfen zu lassen, aber auch um aus pürierten Früchten Kerne und Schalenreste herauszufiltern.

3. **Spezialmesser für Zitrusfrüchte:** Links ein Orangenschäler zum Entfernen der ganzen Schale oder um schmale Streifen abzulösen; in der Mitte ein Zestenreißer zum Abschälen sehr feiner, hauchdünner Streifen; rechts ein weiteres Gerät zum Schälen.

4. **Schälmesser:** Mit seiner kleinen, gebogenen, sehr scharfen Klinge ist es ideal zum Schälen von Früchten, leistet aber auch beim Dekorieren gute Dienste, weil man feste Früchte damit tournieren kann.

5. **Apfelausstecher:** Mit ihm kann man aus ganzen Äpfeln (aber auch aus Birnen oder Quitten) das Kernhaus ausstechen, ohne die Frucht aufschneiden zu müssen. Der Hohlraum lässt sich dann füllen, etwa um Bratäpfel zuzubereiten.

6. **Kellen:** Nicht nur zum Servieren von Brühen, Suppen und Soßen geeignet, sondern auch zum genauen Portionieren von Flüssigkeiten, vor allem aber, um Marmeladen aus dem Topf in den Trichter zu schöpfen, durch den man die Gläser füllt

7. **Stielkasserolle aus Kupfer:** Kochgeschirre aus Kupfer sind ideal, weil sie die Hitze besonders gut leiten. Selbst auf kleinster Flamme hat der ganze Topf eine einheitliche Temperatur. Zum Einkochen von Marmeladen und Kompotten sollte man einen mit Stahl ausgekleideten Kupfertopf wählen.

8. **Kugelaustecher:** Zum Ausbohren von Fruchtkugeln aus großen Früchten mit festem Fleisch wie Äpfeln, Birnen, Melonen, Avocados usw., aber auch zum Aushöhlen von Früchten, die man füllen möchte.

9. **Großes Einmachglas:** Sehr gut geeignet, um eingelegte oder eingemachte Früchte, Marmeladen oder Konfitüren aufzubewahren. Ein Gummi- oder Silikonring zwischen Deckel und Gefäß sorgt für einen luftdichten Abschluss.

- Gläser und Deckel sterilisieren -

1-2. Gläser und Schraub- oder Twist-off-Deckel mit heißem Wasser und Spülmittel (oder im Geschirrspüler) reinigen, und heiß nachspülen. In einen breiten, tiefen Topf mit heißem Wasser legen, in dem sie völlig bedeckt sind, und etwa 20 Minuten lang auskochen.

3-4. Gläser und Deckel mit einer Küchenzange aus dem heißen Wasser nehmen und kopfüber auf Küchentüchern gut abtropfen lassen. Nach etwa 5 Minuten umdrehen, innen austrocknen lassen und mit der vorbereiteten Marmelade, Konfitüre etc. füllen.

1

2

3

■ Verwendet man Gläser mit Bügelverschlüssen, die durch zwischengelegte Gummiringe abgedichtet werden, muss man die Ringe spätestens nach dem dritten Gebrauch austauschen (neuerdings angebotene Silikonringe halten etwas länger). Auch die Ringe vor der Benutzung gründlich spülen.

- Erdbeerkonfitüre -

Für 2 Gläser zu 400 g

1 kg Erdbeeren
1 kg Zucker
Saft einer Zitrone

1-2. Die Erdbeeren gut waschen, abtropfen lassen und mit Küchenpapier trockentupfen. Dann erst die grünen Kelche abzupfen. Kleinere Früchte halbieren, größere vierteln, noch unreife Stellen wegschneiden. Die Früchte mit dem Zucker und dem Zitronensaft in einen ausreichend großen Topf geben und auf mittlerer Hitze unter Rühren zum Kochen bringen.

■ Normalerweise mischt man für eine klassische Marmelade Früchte und Haushaltszucker im Verhältnis 1:1.

4

3. Sobald sich Schaum auf der Oberfläche der kochenden Konfitüre bildet, diesen mit einer Lochkelle immer wieder abheben.

4. Hat die Konfitüre etwa 20 Minuten sprudelnd gekocht, die erste Gelierprobe machen. Dazu 1 TL von der heißen Masse auf einen glatten, kalten Teller geben und den Teller schräg halten. Fließt die Masse weg, den Kochvorgang verlängern. Geliert sie, ist die Konfitüre fertig.

5. Hat die Konfitüre den Gelierpunkt erreicht, füllt man sie portionsweise mit einer Kelle oder einem Löffel (nicht zu rasch, das Glas könnte springen) in die zuvor sterilisierten Gläser und reinigt den Rand mit feuchtem Küchentuch.

6. Den Deckel fest schließen. Ein Tuch um die Gläser binden, Gläser auf den Kopf stellen, damit sich im Inneren ein Vakuum bildet, auskühlen assen. Kühl und dunkel aufbewahren. Den Inhalt geöffneter Gläser rasch verbrauchen.

5

6

- Susinenkompott als Tortenfüllung -

Für 2 Gläser zu 250 g

500 g Susinen (oder Pflaumen)
250 g Zucker
1 Prise Zimt, 2 Gewürznelken
Saft einer halben Zitrone

■ Für Konfitüren, Marmeladen und Kompotte, die man nicht sofort verzehrt, sollte man nur reife Früchte bester Qualität ohne Druckstellen oder andere Mängel verwenden, da das Eingemachte sonst vorzeitig verdirbt.

1-2-3. Die gewaschenen Susinen vierteln, entsteinen und mit den restlichen Zutaten in einen Topf geben; etwa 20 Minuten köcheln lassen. In sterilisierte Gläser füllen, fest verschließen und kühl und dunkel aufbewahren.

4-5-6. Um mit dem Kompott kleine Törtchen als Dessert herzustellen, aus einem Tortenbiskuit (siehe Seite 26, aber in einer kleineren Form backen, damit er höher wird) Kreise ausstechen, diese horizontal durchschneiden, wie gezeigt füllen und zusammensetzen. Die mittleren Böden nach Geschmack mit etwas Rum, Zwetschgengeist oder Likör beträufeln. Die Törtchen mit Früchten und/oder Sahnetupfen garnieren und sofort servieren, damit sie nicht durchweichen.

5

4

6

- Aprikosengelee -

Für 2 Gläser zu 250 g

1,5 kg reife Aprikosen
300 g Zucker

1. Die gewaschenen, abgetrockneten, halbierten und entsteinten Aprikosen in einen Topf geben und ganz knapp mit Wasser bedeckt kochen, bis sie zu zerfallen beginnen.

2-3. Die Fruchtmasse etwas abkühlen lassen, durch ein feines Sieb streichen, das Püree auffangen und durch ein Mulltuch erneut abfiltern.

■ Man kann das Aprikosengelee beliebig aromatisieren, beispielsweise mit etwas Rum, Aprikosengeist, Marillenlikör oder zwei Tropfen Bittermandelöl.

4. Den aufgefangenen Saft mit dem Zucker in einen Topf geben, zum Kochen bringen und unter Rühren 6 Minuten sprudelnd kochen lassen. Danach die Gelierprobe machen (siehe Seite 105).

5-6. Das Gelee sofort in sterilisierte Gläser füllen. Die Oberfläche mit leicht geöltem (oder durch Alkohol gezogenem) Pergamentpapier bedecken und den Deckel schließen. Die Gläser auf den Kopf gestellt auskühlen lassen.

- Pfirsiche in Sirup -

Für 4–6 Gläser zu 150 g

2 kg gelbe Pfirsiche
750 g Zucker, 1 l Wasser
dünn abgeschälte Zitronenschale

1. Die Pfirsiche 2 Minuten in kochendem Wasser blanchieren, mit einem Sieblöffel herausheben, kalt abschrecken und häuten. Die Früchte rundherum bis zum Kern einschneiden, die beiden Hälften gegeneinander verdrehen und so vom Kern lösen.

1

2

3

4

2. Zur Zubereitung des Sirups den Zucker in einen Topf geben und das Wasser hinzufügen. Durchrühren und bei starker Hitze zum Kochen bringen. 2 Minuten sprudelnd kochen, dann vom Herd nehmen und abkühlen lassen.

3-4-5-6. Die Pfirsiche in zuvor sterilisierte Gläser schichten, je ein Stück Zitronenschale mit hineingeben und mit Sirup auffüllen, sodass die Früchte bedeckt sind. Einen Topf mit einem Küchenhandtuch auskleiden, gefüllte Gläser daraufstellen, heißes Wasser bis unter den Rand der Gläser angießen und diese im Wasserbad 30 Minuten kochen.

7. Die Gläser im Wasser auskühlen lassen. Herausnehmen, abtrocknen, beschriften und kühl und dunkel längstens 1 Jahr aufbewahren. Vor dem Verzehr 1 Monat ruhen lassen.

- Eingelegte Trockenfeigen -

Für 2 Gläser zu 500 g

1,5 l Wasser, Saft einer Zitrone
1 Vanilleschote, 600 g Zucker
1 kg getrocknete Feigen
brauner Rum

1. Das Wasser mit Zitronensaft, Vanilleschote und Zucker zum Kochen bringen.

2-3. Die Feigen hineingeben, 10 Minuten köcheln lassen, mit der Siebkelle herausheben. Den Sirup 10 Minuten kräftig einkochen, dann die Feigen nochmals für 5 Minuten hineingeben. Mit der Küchenpinzette in sterilisierte Gläser schichten.

Verwendet man Gläser mit Gummiringen, die Ringe zunächst heiß spülen, dann einige Minuten in lauwarmes Wasser mit etwas Natron legen und nochmals heiß abspülen. Hart gewordene Ringe nicht mehr verwenden.

4-5. Den Sirup 30 Minuten einkochen, die Gläser damit auffüllen, zuletzt in jedes einen Schuss Rum geben und verschließen.

- Kumquats in Sirup -

Für 2 Gläser zu 500 g

1 kg Kumquats
1 l Wasser, 500 g Zucker
6 cm frische Ingwerwurzel
5–8 Kaffir-Limettenblätter
4–5 Gewürznelken
Brandy

1

2

3

1-2. Die Kumquats rundherum mit einem Zahnstocher anstechen. Wasser und Zucker in einen Topf geben. Die Hälfte der Ingwerwurzel, 3–4 Kaffir-Limettenblätter und 2–3 Gewürznelken in ein Stück Gaze wickeln und verknoten. In den Sirup geben und 5 Minuten kräftig kochen lassen.

3. Die Kumquats in den Sirup geben und weitere 25 Minuten kochen.

4. In jedes Glas ein Stück Ingwer, 2 Limettenblätter und 1 Nelke geben. Dann die Kumquats einschichten. Den Sirup bei starker Hitze zum Faden kochen (seihe Seite 189, „Sirup“).

5-6-7. Die Gläser zur Hälfte mit Brandy füllen, dann mit dem Sirup auffüllen, verschließen und 1 Monat ruhen lassen.

- Kürbiskonfitüre -

Für 4–5 Gläser zu 250 g

1,5 kg Moschuskürbis
700 g Zucker, 1 unbehandelte Zitrone
60 ml brauner Rum

1-2. Den Kürbis vierteln und schälen, das faserige Innere mit den Kernen entfernen, das Fruchtfleisch würfeln.

1

2

3

4

3-4. Die Kürbiswürfel mit dem Zucker in eine Schüssel geben, die Schale der Zitrone darüber abreiben. Die Zitrone ausdrücken und den Saft dazugeben, 1 Stunde ziehen lassen. Den Kürbis mit allem Saft, der sich gesammelt hat, in einen Topf geben und so viel Wasser angießen, dass der Kürbis knapp bedeckt ist. Kochen, bis die Flüssigkeit verdampft ist. Bei schwacher Hitze unter gelegentlichem Rühren weitere 45 Minuten kochen, den Rum zugeben, nochmals 15 Minuten kochen. In sterilisierte Gläser füllen und fest verschließen.

- Birnen in Portwein -

Für 4 Portionen

4 Birnen, 3 Gewürznelken
1 Zimtstange, 1 Stück Macis
100 g Zucker, 650 ml Portwein

1. Die gewaschenen, aber ungeschälten Birnen vierteln und das Kernhaus ausschneiden. Zusammen mit den Gewürzen in einen Topf geben. Den Zucker in dem erwärmten Port auflösen und über die Birnen gießen.

2. Die Birnen bei schwacher Hitze im Port kochen, bis sie gar, aber nicht zu weich sind.

3-4. Die Birnenviertel in Fächer schneiden. Auf Tellern arrangieren, mit etwas Portweinsirup (eventuell noch länger einkochen lassen) beträufeln und servieren.

- Kandierte Orangenschalen -

Für 16–18 Stück Orangeat

1 kg unbehandelte Orangen
600 g Zucker

1. Die Schalen der Orangen rundherum so einschneiden, dass sich pro Orange je 4 große Schalenstücke abschälen lassen.

2. Die Schalen in einen Topf geben, mit Wasser bedecken, zum Kochen bringen. Abgießen und den Vorgang 2 Mal wiederholen.

3-4. Die Schalen abgießen, abtrocknen und wiegen (es sollten etwa 400 g sein). Eine dem Gewicht der Schalen entsprechende Menge Zucker in einen Topf geben und pro 100 g Zucker je 20 ml Wasser hinzufügen.

5. Zum Kochen bringen, die Schalen hineingeben und in dem Sirup kochen, bis sie diesen völlig aufgesogen haben.

6. Die Schalen mit einer Küchenzange in dem restlichen Zucker wenden, an der Luft trocknen lassen.

6

5

■ Um den Schalen mehr der Bitterstoffe zu entziehen, kann man sie zunächst 20 Minuten in Wasser kochen, statt sie nur, wie beschrieben, 3 Mal zu überbrühen. Die fertig kandierten Schalen in einer fest schließenden Dose einige Tage „reifen“ lassen, ehe man sie wie Orangeat in Backwerk oder zum Garnieren verwendet.

- Mandelkrokant -

Für 1 kg Krokant

500 g Zucker, 500 g geschälte Mandeln
1 unbehandelte Orange, Mandelöl

1-2. Den Zucker in einem Topf bei schwacher Hitze schmelzen lassen. Erst mit einem Holzlöffel zu rühren anfangen, wenn sich der Zucker am Rand verflüssigt hat. Wenn er völlig flüssig und leicht gebräunt ist, die Mandeln hineingeben und durchrühren, bis alle von Karamell überzogen sind. Die Orange darüber abreiben.

1

2

3-4. Ein Stück Backpapier mit Mandelöl einpinseln, die Mandelmasse daraufgeben und mit dem Holzlöffel etwas ausstreichen. Mit einem zweiten geölten Blatt bedecken und mit dem Rollholz etwa 1 cm dünn auswalzen. Den ausgekühlten Krokant mit einem großen, schweren Messer in Stücke schneiden oder – je nach Verwendung – fein hacken.

3

4

■ In Alufolie verpackt und kühl und trocken aufbewahrt, ist Krokant sehr lange haltbar.

- Karamellisierte Mandeln -

Für etwa 200 g Mandeln

100 g ungeschälte Mandeln
100 g Zucker
50 ml Wasser

1. Mandeln, Zucker und Wasser zusammen in eine Kasserolle geben.

2. Auf mittlerer Hitze kochen. Dabei ununterbrochen rühren, damit alle Mandeln gleichmäßig von der Zuckermasse überzogen werden.

3. Wenn der Zucker kocht, bildet er Blasen, verfärbt sich hellbraun und wird zu Karamell. Da der Karamell nachdunkelt, den Topf im richtigen Moment vom Herd nehmen – er darf die eigentlich gewünschte Farbe noch nicht ganz erreicht haben. Auf geöltem Backpapier auskühlen lassen.

- Karamellisierte Trauben -

Für 6 Spieße

300 g Zucker, 60 ml Wasser
blaue und weiße Trauben
1 TL Keimöl

1

2

3

4

1. Zucker und Wasser in eine Kasserolle geben und bei mittlerer Hitze zur gewünschten Farbe karamellisieren lassen. Nicht rühren, nur den Topf ein wenig schwenken.

2-3. Je 3 gewaschene, gut abgetrocknete Trauben auf einen Holzspieß stecken.

■ Um dem Karamell eine zusätzliche Geschmacksnote zu verleihen, kann man das Wasser durch Rum oder einen klaren Obstgeist ersetzen, oder Wasser und Spirituose 1:1 mischen.

4. Sobald der Karamell die gewünschte Farbe hat, vom Herd nehmen und die Spieße nacheinander hineintauchen.

5. Auf einer mit etwas Öl bestrichenen Platte ablegen, abkühlen lassen und servieren. Auf diese Art können nach Belieben auch andere Früchte karamellisiert werden

- Mit Zucker maskierte Trauben -

Für 300 g Trauben

300 g Trauben
100 g Streuzucker
1 Eiweiß

1. Die gewaschenen, gut abgetropften Trauben von den Stielen zupfen und auf Küchenpapier völlig trocknen lassen. Die schönsten und prallsten aussuchen. Den Zucker in eine flache Schale geben und gleichmäßig verteilen.

1

2

3

4

2-3. Das Eiweiß in einer Schüssel mit dem Schneebesen zu schaumigem Schnee schlagen. Jede einzelne Traube mit zwei Löffeln darin wenden, um sie ganz mit Eischnee zu überziehen.

4-5. Anschließend die Trauben auf die Platte mit dem Zucker geben, durch Bewegen der Platte rundherum mit Zucker überziehen und mit einer Pinzette in Pralinenkapseln setzen.

- Gefüllte überbackene Pfirsiche -

Für 6 Portionen

3 große, reife Pfirsiche
2 Eigelb, 40 g Zucker
60 g Amaretti (zerbröselt), 1 TL Kakaopulver
20 g Butter, in 6 Flöckchen

1-2. Die gewaschenen Pfirsiche halbieren und mit dem Kugelausstecher vorsichtig ein wenig aushöhlen. Das Fruchtfleisch in eine Schüssel geben und zerdrücken. Die Pfirsichhälften in eine feuerfeste flache Schale setzen.

3-4-5. Die Eigelbe mit dem Zucker verrühren, nach und nach die Amarettibrösel, den Kakao und das zermuste Fruchtfleisch untermischen (nach Geschmack 2 EL Rum oder Marsala dazugeben). Die Masse gleichmäßig mit zwei Löffeln auf die ausgehöhlten Pfirsiche verteilen und leicht in die Höhlungen pressen.

2

1

3

4

5

6

7

6-7. Auf jeden Pfirsich ein Butterflöckchen setzen und im auf 180 °C vorgeheizten Backofen etwa 15 Minuten überbacken. Frisch aus dem Ofen als Dessert servieren.

- Applecrumble -

Für 4 Portionen

4 Äpfel, 150 g Zucker
1 TL Zimt, 100 g Butter
100 g Mehl, 30 g gemahlene Mandeln

1-2-3-4. Die Äpfel schälen, entkernen und über einer Schüssel in Stücke schneiden. Zimt und 50 g des Zuckers darüberstreuen.

5. 10 g der Butter in einer Pfanne zerlassen, die Äpfel etwa 5 Minuten darin anbraten, dann in eine flache, feuerfeste Form füllen.

1

2

3

4

6. Mehl, Mandeln, den restlichen Zucker und die restliche Butter in Flöckchen in eine Schüssel geben und mit den Händen zu Streuseln vermengen.

7-8. Die Streusel auf den Äpfeln verteilen. Den Crumble im auf 180 °C vorgeheizten Backofen 25 Minuten backen, heiß servieren.

- Rezepte -

Pfirsichkuchen mit Eiercreme

Für einen Kuchen von Ø 20 cm

500 g Mürbeteig (siehe Seite 8)

Butter und Mehl für die Form

Für die Füllung

4 Eigelb

80 g Zucker

35 g Mehl

150 ml Milch

100 ml Sirup von den Pfirsichen

30 g Butter, zerlassen

5 zerbröselte Löffelbiskuits

5 halbe in Sirup eingelegte Pfirsiche (siehe Seite 110), ersatzweise Dosenware

Nach dem Rezept auf Seite 8 einen Mürbeteig zubereiten und 30 Minuten in den Kühlschrank legen.

Für die Füllung die Eigelbe mit Zucker, Mehl, Milch, Sirup und zerlassener Butter verquirlen und beiseitestellen.

Den Backofen auf 180 °C vorheizen. Drei Viertel des Mürbeteigs auf bemehlter Arbeitsfläche 3 mm dünn ausrollen und den Boden sowie den Rand einer gebutterten, mit Mehl ausgestäubten Pieform damit auskleiden. Die Brösel der Löffelbiskuits auf den Mürbeboden streuen, die in Stücke geschnittenen Pfirsiche darauf verteilen und die vorbereitete, noch einmal gut durchgerührte Creme darübergießen.

Den restlichen Teig ausrollen und mit einem gewellten Teigrad in 1 cm breite Streifen schneiden. Die Streifen gitterförmig auf den Guss legen. Den Kuchen 35–40 Minuten backen. Lauwarm oder kalt verzehren.

Vorbereitungszeit 60 Minuten
Garzeit 55 Minuten

Mürbetorte mit Zabaione und Walderdbeeren

Für eine Torte von Ø 18 cm

350–400 g Mürbeteig (siehe Seite 8)

Butter und Mehl für die Form

Für die Füllung

etwa 12 Löffelbiskuits

2 Eigelb

50 g Zucker

200 ml Marsala

200 g Walderdbeeren

Puderzucker

Nach dem Rezept auf Seite 8 einen Mürbeteig zubereiten und 30 Minuten in den Kühlschrank legen.

Inzwischen nach Anweisung von Seite 99 aus Eigelben, Zucker und 125 ml Marsala eine Zabaione aufschlagen und auf Eiswürfeln kaltrühren.

Den Backofen auf 180 °C vorheizen. Von dem Mürbeteig 350–400 g (den Rest kann man für eine spätere Verwendung in Alufolie gepackt einfrieren) auf einer bemehlten Arbeitsfläche 4 mm dick ausrollen und eine gebutterte, mit Mehl ausgestäubte Pieform damit auslegen. Den Boden mehrfach mit einer Gabel einstechen, 20 Minuten backen, dann auskühlen lassen.

Den Mürbeboden mit den Löffelbiskuits belegen, diese mit dem restlichen Marsala beträufeln und die Zabaione darübergeben. Die Walderdbeeren auf der Zabaione verteilen, mit Puderzucker überstäuben und sofort servieren, damit der Boden nicht durchweicht.

Vorbereitungszeit 60 Minuten
Garzeit 30 Minuten

Da sich Mürbeteig hervorragend einfrieren lässt – dazu gut in Alufolie packen –, kann man diesen leckeren, mit bitterer Orangenmarmelade gefüllten Kuchen ohne großen Aufwand zubereiten. Statt der Pfirsiche können auch Aprikosen, Nektarinen oder Äpfel verwendet werden.

Orangen-Mürbekuchen

Für eine Torte von Ø 20 cm

500 g Mürbeteig (siehe Seite 8)

Butter und Mehl für die Form

Für die Füllung

350 g bittere Orangenmarmelade

2–3 Pfirsiche

Für die Garnierung

Puderzucker

Nach dem Rezept auf Seite 8 einen Mürbeteig zubereiten und 30 Minuten in den Kühlschrank legen.

Den Backofen auf 180 °C vorheizen. Zwei Drittel des Mürbeteigs auf einer bemehlten Arbeitsfläche 4 mm dick ausrollen und eine gebutterte, mit Mehl ausgestäubte Pieform damit auslegen (dabei etwas Teig über den Rand stehen lassen). Den Boden mehrfach mit einer Gabel einstechen.

Die Orangenmarmelade und die in Würfel geschnittenen Pfirsiche darauf verteilen. Den restlichen Teig zu einem passenden Kreis ausrollen, auf die Füllung legen, den am Rand überstehenden Teig nach innen klappen und auf der Teigplatte festdrücken. Die Teigplatte einige Male mit der Gabel einstechen, den Kuchen 25–30 Minuten backen, auskühlen lassen und mit Puderzucker überstäuben.

Vorbereitungszeit 50 Minuten
Garzeit 30 Minuten

Pflaumentorte mit Baiserboden

Für eine Torte von Ø 24 cm

500 ml Rotwein

50 g Zucker

300 g Pflaumen

Für den Baiserboden

2 Eiweiß

60 g Zucker

50 g Puderzucker

10 g Speisestärke

Für den Biskuit

4 Eier

120 g Zucker

70 g Mehl

50 g Speisestärke

Außerdem

650 g Konditorcreme (siehe Seite 97)

Rotwein und Zucker zum Kochen bringen, die geviertelten Pflaumen 10 Minuten darin köcheln lassen, beiseitestellen.

Den Backofen auf 100 °C vorheizen. Für den Baiserboden das Eiweiß zu Schnee schlagen, dabei den Zucker einrieseln lassen. Wenn der Schnee schnittfest ist, Puderzucker und Speisestärke darübersieben und mit einem Gummispatel unterheben. Masse in einen Spritzbeutel mit Lochtülle füllen und mit eng aneinanderliegenden Kreisen einen Boden mit einem Durchmesser von 24 cm auf ein mit Backpapier ausgelegtes Blech spritzen. In 2 Stunden im Backofen mehr trocknen als backen.

Für den Biskuit den Backofen auf 180 °C vorheizen. Die Eier mit dem Zucker in einem Schlagkessel über dem Wasserbad schaumig aufschlagen, bis sich der Zucker gelöst hat. Dann abseits der Hitzequelle schlagen, bis die Masse kalt und cremig ist. Mehl und Speisestärke darübersieben, mit dem Gummispatel unterheben. In einer gebutterten, mit Mehl ausgestäubten Springform etwa 35 Minuten backen.

Nach dem Rezept auf Seite 97 die Konditorcreme zubereiten (halbe Menge), die Hälfte der Creme auf den Biskuit streichen und die Hälfte der abgetropften Pflaumen darauf verteilen. Den Baiserboden daraufsetzen, restliche Creme und Pflaumen darauf verteilen und mit etwas Rotweinsud beträufeln.

Vorbereitungszeit 70 Minuten
Garzeit etwa 180 Minuten

Mürbetorte mit Schokocreme und Aprikosen

Für eine Torte von Ø 28 cm

500 g Mürbeteig (siehe Seite 8)

Butter und Mehl für die Form

Für den Belag

10 Aprikosen

40 g Zucker

2 EL Apricot Brandy

Für die Creme

300 g Konditorcreme (siehe Seite 97)

50 g Schokolade (60 % Kakaoanteil)

Für die Garnierung

Mandelblättchen

Nach dem Rezept auf Seite 8 einen Mürbeteig zubereiten und 30 Minuten in den Kühlschrank legen. Den Backofen auf 180 °C vorheizen. Den Teig auf einer bemehlten Arbeitsfläche 4 mm dick ausrollen und den Boden sowie den Rand einer gebutterten, mit Mehl ausgestäubten Pieform (Ø 28 cm) damit auslegen. Den Boden mehrfach mit einer Gabel einstechen und etwa 25 Minuten backen.

Die gewaschenen, halbierten und entsteinten Aprikosen in eine flache Schale legen, mit Zucker bestreuen, mit Apricot Brandy beträufeln und ziehen lassen.

Nach dem Rezept auf Seite 97 eine Konditorcreme zubereiten und etwa 300 g davon abnehmen. Die Schokolade grob hacken, im Wasserbad (oder in der Mikrowelle) schmelzen und unter die Creme rühren.

Die kalte Schokoladencreme auf dem Mürbeboden verteilen, die Aprikosen daraufsetzen, mit Mandelblättchen bestreuen und vor dem Servieren im Kühlschrank gut durchkühlen.

Vorbereitungszeit 70 Minuten
Garzeit 45 Minuten

Linzer Torte

Für eine Torte von Ø 20 cm

200 g Mehl

200 g gemahlene Mandeln

200 g Zucker

200 g Butter

abgeriebene Schale einer unbehandelten Zitrone

¼ TL Zimtpulver

1 Msp. Nelkenpulver

1 Prise Salz

Für die Füllung

250 g Himbeergelee oder -marmelade

Nach Anweisung von Seite 8 aus den genannten Zutaten einen Mürbeteig zubereiten und 30 Minuten in den Kühlschrank legen.

Den Backofen auf 180 °C vorheizen. Drei Viertel des Teigs auf einer bemehlten Arbeitsfläche 3–4 mm dick ausrollen und den Boden sowie den Rand einer gebutterten, mit Mehl ausgestäubten Pieform (Ø 20 cm) damit auslegen.

Das Himbeergelee gleichmäßig auf dem Boden verteilen. Den restlichen Teig ausrollen und mit einem gewellten Teigrad in 1 cm breite Streifen schneiden. Die Streifen gitterförmig auf das Gelee legen. Den Kuchen etwa 50 Minuten backen. Aus der Form lösen und abkühlen lassen.

Vorbereitungszeit 40 Minuten
Garzeit 50 Minuten

Gefüllte Blätterteigstückchen

Für 8 Stückchen

4 große Pflaumen (oder andere Steinfrüchte)

50 g Zucker

250 g Blätterteig (siehe Seite 14)

50 g Mandelblättchen

Die gewaschenen Pflaumen halbieren, entkernen, mit der Schnittfläche nach oben in eine flache Schale legen und mit dem Zucker bestreuen. Beiseitestellen.

Den Backofen auf 180 °C vorheizen. Den nach dem Rezept auf Seite 14–15 hergestellten Blätterteig (alternativ aufgetaute TK-Ware) zu einem Rechteck ausrollen und mit dem glatten Teigrad in 8 Teigquadrate von etwa 8 x 8 cm schneiden. Auf jedes Quadrat eine halbe Pflaume setzen und mit Mandelblättchen bestreuen. Die vier Ecken nach innen einschlagen und festdrücken.

Die Stückchen auf ein gefettetes Blech setzen und etwa 12 Minuten backen, bis sie goldbraun sind.

Vorbereitungszeit 20 Minuten
Garzeit 12 Minuten

Statt mit Erdbeeren und Sommerfrüchten lassen sich die Blätterteig-Cremeschnitten auch mit anderen Früchten nach Wahl zubereiten.

Blätterteig-Cremeschnitten mit Erdbeeren

Für 4 Cremeschnitten

300 g Blätterteig (siehe Seite 14)

400 g Konditorcreme (siehe Seite 97)

200 g Erdbeeren, blättrig geschnitten

Für die Garnierung

Sommerfrüchte nach Wahl

Den Backofen auf 180 °C vorheizen. Den nach dem Rezept auf Seite 14–15 hergestellten Blätterteig (alternativ aufgetaute TK-Ware) zu einem Rechteck ausrollen. Mit dem glatten Teigrad in 8 Teigquadrate von etwa 8 x 8 cm schneiden. Auf ein mit Backpapier belegtes Blech legen und circa 8 Minuten backen.

Nach Anweisung von Seite 97 eine Konditorcreme herstellen (doch nur die halbe Menge). Die noch handwarme Creme in einen Spritzbeutel mit Sterntülle füllen und auf die Hälfte der Blätterteigplatten spritzen, diese mit Erdbeerscheiben belegen. Jeweils eine zweite Blätterteigplatte daraufsetzen, wiederum mit Creme bespritzen und mit Erdbeerscheiben belegen. Nach Geschmack mit Sommerfrüchten dekorieren und bald servieren.

Vorbereitungszeit 20 Minuten
Garzeit 20 Minuten

Gefüllte Croissants

Für 8 Croissants

200 g Blätterteig (siehe Seite 14)

100 g Aprikosengelee (siehe Seite 108)

1 Ei

Zucker nach Bedarf

Den nach dem Rezept auf Seite 14–15 hergestellten Blätterteig (alternativ aufgetaute TK-Ware) etwa 2 mm dünn ausrollen. Mit einem glatten Teigrad in 4 Rechtecke von etwa 12 x 20 cm schneiden. Diese durch einen diagonalen Schnitt in Dreiecken teilen.

In die Mitte der Schmalseite jedes Dreiecks einen Klacks Aprikosengelee (oder andere Konfitüre nach Geschmack) setzen und die Dreiecke von dort zur Spitze hin aufrollen. Darauf achten, dass die Füllung nicht austritt. Die Enden leicht zusammendrücken und die Rollen zu Hörnchen biegen.

Die Hörnchen auf ein mit Backpapier belegtes Blech legen. Das Ei verquirlen und alle Hörnchen mit etwas Ei bestreichen, jeweils etwas Zucker darüberstreuen und im Kühlschrank 30 Minuten ruhen lassen. Den Backofen auf 200 °C vorheizen. Die Hörnchen etwa 7–8 Minuten backen.

Vorbereitungszeit 20 Minuten
Garzeit 8 Minuten

Traubenmuffins mit Schokoladensoße

Für 8–10 Muffins

250 g Mehl

50 g Zucker

2 Eier

½ Pk. Backpulver

60 ml Milch

2 EL Keimöl

400 g weiße kernlose Trauben

Für die Schokoladensoße

300 g englische Creme (siehe Seite 96)

50 g Kuvertüre, gehackt

Den Backofen auf 170 °C vorheizen. Die Zutaten für den Muffinteig (bis auf die Trauben) in einer Schüssel mit dem Elektroquirl zu einem Teig verrühren. Den Teig auf die Vertiefungen eines Muffinblechs verteilen, in jede Teigportion 2–3 Trauben stecken und etwa 20 Minuten backen.

Inzwischen nach Anweisung von Seite 96 eine englische Creme bereiten (halbe Menge) und nebenher die gehackte Kuvertüre im Wasserbad oder in der Mikrowelle schmelzen. Bei Schritt 4 der Zubereitung der Creme, wenn man den Schlagkessel auf Eiswasser setzt, die geschmolzene Schokolade einarbeiten und die Creme schlagen, bis sie kalt ist.

Die leicht abgekühlten Muffins auf Teller geben, die Schokoladensoße angießen (wenn man von der englischen Creme vor der Zugabe der Schokolade etwas zurückbehält, kann man diese als helle Tupfen auf die Soße setzen und mit einem Zahnstocher zu einem Muster ziehen), ein paar Trauben als Garnierung dazulegen und servieren.

Vorbereitungszeit 40 Minuten
Garzeit 30 Minuten

Zitruskuchen

Für einen Kastenkuchen von 30 cm

5 Eier

250 g Zucker

250 g Butter, zerlassen

250 g Mehl

½ Pk. Backpulver

Saft und abgeriebene Schale einer unbehandelten Zitrone

Saft und abgeriebene Schale einer unbehandelten Orange

Den Backofen auf 180 °C vorheizen. Die Eier mit dem Zucker in einer Schüssel mit dem Elektroquirl cremig rühren. Die zerlassene, etwas abgekühlte Butter einrühren. Dann portionsweise das gesiebte, mit dem Backpulver vermischte Mehl, die abgeriebene Schale und den Saft der Zitrusfrüchte einrühren.

Den Teig in eine antihaftbeschichtete (oder mit Butter gefettete und mit Mehl ausgestäubte) Kastenform füllen und etwa 45 Minuten backen. Mit einem Holzstäbchen in der Mitte hineinstechen. Kommt das Stäbchen sauber heraus, ist der Kuchen gar und kann aus dem Ofen genommen werden. Hängt noch Teig daran, Garzeit verlängern.

Vorbereitungszeit 30 Minuten
Garzeit 50 Minuten

Joghurtkranz mit Mandeln

Für einen Kranz von Ø 20 cm

80 g abgezogene Mandeln

60 ml Anislikör

220 g Mehl

½ Pk. Backpulver

1 Prise Salz

2 Eier

200 g Zucker

150 g Naturjoghurt

140 ml Keimöl

Die Mandeln in einer beschichteten Pfanne ohne weitere Zugaben leicht anrösten, abkühlen lassen, dann mittelfein mahlen. Den Anislikör erhitzen und auf die Hälfte reduzieren.

Den Backofen auf 180 °C vorheizen. Das Mehl mit dem Backpulver und einer Prise Salz in eine Schüssel sieben, die Mandeln untermischen und eine Mulde hineindrücken. In einem hohen Rührbecher Eier, Zucker, Joghurt, Öl und den reduzierten Anislikör mit dem Elektroquirl vermixen. Die Mischung in das Mehl geben und gut verrühren.

Den Teig in eine glatte antihaftbeschichtete Kranzform füllen (oder die Form buttern und mit Mehl ausstäuben) und etwa 40 Minuten backen. Mit einem Holzstäbchen in der Mitte hineinstechen. Kommt das Stäbchen sauber heraus, ist der Kuchen gar und kann aus dem Ofen genommen werden. Hängt noch Teig daran, die Garzeit verlängern.

Vorbereitungszeit 30 Minuten
Garzeit 60 Minuten

Statt der frischen Früchte kann man auch Tiefkühl-Himbeeren und -Heidelbeeren verwenden, die man nicht auftauen lässt, ehe man sie in den Teig gibt.

Rührkuchen mit Früchten und Schokolade

Für einen Kastenkuchen von 30 cm

125 g Butter

130 g Zucker

2 Eier

60 ml Milch

360 g Mehl

1 Pk. Backpulver

50 g Schokotropfen

100 g rote Früchte nach Wahl

Den Backofen auf 180 °C vorheizen. Die Butter mit dem Zucker in einer Schüssel mit dem Elektroquirl schaumig rühren. Nacheinander die Eier einarbeiten und die Milch dazugeben. Portionsweise das mit dem Backpulver vermischte Mehl unterrühren, zuletzt die Schokotropfen einarbeiten.

Den Teig in eine antihaftbeschichtete (oder gebutterte und mit Mehl ausgestäubte) Kastenform füllen. Die frischen Früchte darauf verteilen und ein wenig in den Teig drücken.

Den Kuchen etwa 45 Minuten backen. Mit einem Holzstäbchen in die Mitte hineinstechen. Kommt das Stäbchen sauber heraus, ist der Kuchen gar und kann aus dem Ofen genommen werden. Hängt noch Teig daran, die Garzeit etwas verlängern.

Vorbereitungszeit 10 Minuten
Garzeit 50 Minuten

Mandelkuchen mit Mandarinenkompott

Für einen Kuchen von Ø 22 cm

4 Eier

100 g Puderzucker

2–3 Tropfen Bittermandelöl

100 g Butter, zerlassen

150 g ungeschälte gemahlene Mandeln

150 g Mehl

100 g Schokolade (60% Kakaoanteil), fein gerieben

4 unbehandelte Mandarinen

50 g Zucker

1 Stück frischer Ingwer (3 cm)

Den Backofen auf 180 °C vorheizen. Eier, Puderzucker und Bittermandelöl in einer Rührschüssel mit dem Elektroquirl schaumig aufschlagen. Die zerlassene Butter unterrühren. Dann nach und nach die Mandeln, das Mehl und die geriebene Schokolade einarbeiten.

Den Teig in eine antihaftbeschichtete (oder mit Butter gefettete und mit Mehl ausgestäubte) Springform (Ø 22 cm) füllen und etwa 40 Minuten backen.

Währenddessen für das Mandarinenkompott von zwei gut gewaschenen und abgetrockneten Mandarinen mit einem Zestenreißer hauchdünne Schalenstreifen abschneiden. Zwei Mandarinen auspressen, die anderen beiden schälen und fein segmentieren.

Den Saft mit 50 g Zucker, den Zesten und dem fein geriebenen Ingwer zum Kochen bringen. Wenn ein Sirup entstanden ist, den Herd ausschalten. Die Mandarinenspalten in den heißen Sirup legen, vorsichtig darin wenden und auf der Herdplatte abkühlen lassen.

Den fertigen Kuchen aus der Form lösen; lauwarm mit dem Mandarinenkompott servieren.

Vorbereitungszeit 60 Minuten
Garzeit 55 Minuten

Torteletts mit Mascarponecreme und Früchten

Für 10 Torteletts

700 g Sabléeteig (siehe Seite 20)

400 g Konditorcreme (siehe Seite 97)

50 g Mascarpone

2–3 EL Limoncello

500 g gemischte Beerenfrüchte

Puderzucker

Nach dem Rezept auf Seite 20 einen Sabléeteig (mit 2 EL gemahlenen Mandeln) zubereiten, in Klarsichtfolie gehüllt 30 Minuten im Kühlschrank ruhen lassen.

In der Zwischenzeit nach dem Rezept auf Seite 97 eine Konditorcreme zubereiten (nur halbe Menge), aber in die Milch keine Vanilleschote, sondern dünn abgeschälte Zitronenschale geben. Den Mascarpone und den Limoncello unter die abgekühlte Creme rühren und beiseitestellen.

Den Backofen auf 180 °C vorheizen. Den Sabléeteig auf einer bemehlten Arbeitsfläche ausrollen und 10 gebutterte, mit Mehl ausgestäubte Tortelettförmchen (Ø 10 cm) damit auslegen. Mit einer Gabel jeden Teigboden mehrfach einstechen und etwa 12 Minuten backen.

Auf jedes ausgekühlte Tortelett etwas von der Creme geben. Beeren darauf verteilen, mit Puderzucker überstäuben und servieren.

Vorbereitungszeit 40 Minuten
Garzeit 30 Minuten

Strudel mit Trauben und Feigen

Für einen Strudel von 60 cm Länge

300 g Mehl

1 Ei

4 EL Keimöl

Wasser nach Bedarf

Für die Füllung

500 g blaue Trauben

5 große frische Feigen

2 EL Puderzucker

50 g Pistazien, grob gehackt

50 g Butter, zerlassen

100 g Semmelbrösel

Das Mehl auf die Arbeitsfläche sieben, eine Mulde hineindrücken, Ei und Öl hineingeben und unter vorsichtiger Zugabe von Wasser zu einem glatten Teig kneten (mindestens 10 Minuten kneten). Den Teig in Klarsichtfolie gewickelt mindestens 1 Stunde ruhen lassen.

Die gewaschenen Feigen in Scheiben schneiden, die Trauben halbieren und entkernen, zusammen in eine Schüssel geben und mit Puderzucker und der Hälfte der Pistazien vermengen. Beiseitestellen.

Den Backofen auf 180 °C vorheizen. Eine große Arbeitsfläche mit einem sauberen Tuch bedecken, leicht mit Mehl überstäuben. Den Strudelteig zunächst auf der normalen Arbeitsfläche dünn ausrollen, dann mithilfe des Teigrollers auf das Tuch legen und darauf weiter ausrollen oder mit dem Handrücken ziehen, bis er so dünn ist, dass man hindurchsehen kann.

Die Teigplatte mit zerlassener Butter bestreichen. Zur Hälfte mit Semmelbrösel bestreuen und die vorbereiteten Feigen und Trauben darauf verteilen. Den Strudel mithilfe des darunter liegenden Tuchs von der gefüllten Seite her aufrollen. Auf ein mit Butter gefettetes Blech geben und etwa 35 Minuten backen. Den abgekühlten Strudel mit Puderzucker überstäuben und mit Pistazien garnieren.

Vorbereitungszeit 50 Minuten
Garzeit 35 Minuten

Dattel-Feigen-Kuchen

Für einen Kuchen von 24 cm Länge

100 g getrocknete Softfeigen, gewürfelt

100 g getrocknete Datteln, gewürfelt

100 g Walnüsse, grob gehackt

50 ml Armagnac

500 g Mürbeteig (siehe Seite 8)

100 g Butter

150 g Zucker

Mark einer Vanilleschote

3 Eier, getrennt

100 g Mehl

Für die Glasur

100 g Puderzucker

1 Eiweiß

Saft einer halben Zitrone

Vorbereitungszeit 40 Minuten
Garzeit 60 Minuten

Feigen, Datteln und Walnüsse in einer Schale mit dem Armagnac beträufeln und 2 Stunden ziehen lassen.

Nach dem Rezept auf Seite 8 einen Mürbeteig zubereiten. 400 g davon auf einer bemehlten Arbeitsfläche 2 mm dünn ausrollen und den Boden sowie den Rand einer 24 x 15 cm großen, mit Backpapier ausgelegten flachen Form damit auskleiden. In den Kühlschrank stellen.

Den Backofen auf 180 °C vorheizen. Die Butter mit der Hälfte des Zuckers und dem Vanillemark schaumig rühren. Die Eigelbe einarbeiten. Die Eiweiße mit dem Rest des Zuckers zu Schnee schlagen. Die Buttermasse unter den Eischnee heben. Das Mehl darübersieben und unterheben, zuletzt die marinierten Feigen, Datteln und Walnüsse untermischen. Den Teig in die vorbereitete Form füllen, glattstreichen und etwa 60 Minuten backen.

Für den Guss Puderzucker mit Eiweiß und Zitronensaft verrühren. Den Guss auf den abgekühlten Kuchen streichen, nach Belieben zusätzlich mit Puderzucker überstäuben.

Statt mit echten Kaffeebohnen kann man die Muffins auch mit Mokkabohnen aus Schokolade oder Schokotropfen garnieren oder sie ganz mit geschmolzener Schokolade (etwa 80 g) überziehen.

Schokomuffins mit Kaffee

Für 6 Muffins

80 g Schokolade, gehackt

2 Eier + 1 Eigelb

160 g Zucker

100 ml starker Espresso, abgekühlt

200 g Mehl

1 TL Backpulver

1 Prise Salz

120 ml Keimöl

120 ml Sahne

Kaffeebohnen

Den Backofen auf 180 °C vorheizen. Die Schokolade im Wasserbad oder in der Mikrowelle schmelzen.

Eier, Eigelb und Zucker schaumig rühren, den Espresso und die Schokolade einrühren. Das Mehl mit Backpulver und Salz in eine Schüssel sieben. In einem Rührbecher Öl und Sahne verquirlen. Abwechselnd Mehl und Öl-Sahne-Mischung unter die Eimasse rühren. Den Teig auf einzelne gebutterte Muffinförmchen (oder die Vertiefungen eines Muffinblechs) verteilen und etwa 20 Minuten backen.

Auf die noch heißen Muffins die Kaffeebohnen drücken. Auskühlen lassen und servieren.

Vorbereitungszeit 25 Minuten
Garzeit 25 Minuten

Himbeertörtchen

Für 6 Törtchen

200 g Mehl

100 g Butter

80 g Zucker

2 Eigelb

Für die Creme

300 ml Milch

Mark einer Vanilleschote

60 g Zucker

2 Eigelb

30 g Speisestärke

200 g Sahne, steif geschlagen

300 g frische Himbeeren

Puderzucker

Aus Mehl, Butter, Zucker und Eigelben wie auf Seite 8 beschrieben einen Mürbeteig kneten. In Klarsichtfolie gehüllt mindestens 30 Minuten im Kühlschrank ruhen lassen.

Inzwischen für die Creme die Milch mit dem Vanillemark und dem Zucker erhitzen. Die Eigelbe mit der Speisestärke und 2–3 EL der noch kalten Milch anrühren. Wenn die Milch fast kocht, die Speisestärkemischung unter Rühren dazugeben und mehrmals aufwallen lassen. Beiseitestellen.

Den Backofen auf 200 °C vorheizen. Den Mürbeteig auf bemehlter Arbeitsfläche dünn ausrollen und 6 gebutterte, mit Mehl ausgestäubte Tortelettförmchen damit auskleiden. Den Teigboden mehrfach mit einer Gabel einstechen und die Torteletts etwa 10 Minuten backen. Aus den Formen lösen und auskühlen lassen.

Die Sahne unter die Creme heben. Die Creme auf die Torteletts verteilen, frische Himbeeren daraufsetzen, mit Puderzucker überstäuben und servieren.

Vorbereitungszeit 30 Minuten
Garzeit 25 Minuten

Gefüllte Biscotti

Für 16–20 Biscotti

250 g Mehl

3 hart gekochte Eigelb

125 g Butter

100 g Zucker

1 Vanillinzucker

abgeriebene Schale einer Zitrone

Milch

Für die Füllung

100 g Aprikosengelee (siehe Seite 108)

Puderzucker

Das Mehl auf die Arbeitsfläche sieben. Ein Haarsieb darüberstellen und die gekochten Eigelbe mit dem Teigschaber durch das Sieb drücken. Die Butter in Stückchen darauf verteilen. Zucker, Vanillinzucker und Zitronenschale hinzufügen und das Ganze zu einem geschmeidigen Mürbeteig kneten. Den Teig in Klarsichtfolie wickeln und im Kühlschrank etwa 30 Minuten ruhen lassen.

Den Backofen auf 170 °C vorheizen. Den Teig auf bemehlter Arbeitsfläche 5 mm dick ausrollen und mit einem runden, glatten 5-cm-Ausstecher Plätzchen ausstechen. Mit einem 1-cm-Ausstecher aus der Hälfte der Teigkreise die Mitte herausstechen, um Ringe daraus zu machen.

Die Teigkreise auf ein mit Backpapier ausgelegtes Blech legen, mit etwas Milch bestreichen und jeweils einen Teigring daraufsetzen. In jede Ringöffnung etwas Aprikosengelee (oder nach Geschmack eine andere Konfitüre) geben. Die Biscotti etwa 12 Minuten backen, ein wenig abkühlen lassen und mit Puderzucker bestäuben.

Vorbereitungszeit 40 Minuten
Garzeit 20 Minuten

Man kann dem Teig für die Brownies statt Walnüssen auch grob gehackte Haselnüsse oder Mandeln – oder eine Nussmischung – untermischen. Statt Himbeeren kann man Brombeeren nehmen oder ganz auf Früchte verzichten.

Brownies mit Himbeeren

Für etwa 16 Brownies

170 g Schokolade (60–70% Kakaoanteil)

170 g Butter

200 g brauner Zucker

3 Eier

Mark einer Vanilleschote

150 g Mehl

150 g Walnüsse, grob gehackt

Den Backofen auf 180 °C vorheizen. Die Schokolade im Wasserbad oder in der Mikrowelle schmelzen.

Butter und Zucker mit dem Elektroquirl schaumig rühren. Nach und nach die Eier einarbeiten, dann die geschmolzene Schokolade und das Vanillemark dazugeben. Löffelweise das Mehl und die Walnüsse einrühren.

Den Teig in die gebutterte, mit Mehl ausgestäubte Brownieform (Kantenlänge etwa 23 cm) füllen, die Himbeeren darauf verteilen und etwa 30 Minuten backen. Den völlig ausgekühlten Brownie aus der Form stürzen und in 16 Stücke schneiden.

Vorbereitungszeit 20 Minuten
Garzeit 40 Minuten

Minitörtchen mit Marzipancreme

Für etwa 24 Minitörtchen

500 g Mürbeteig (siehe Seite 8)

Für die Füllung

125 g Butter

100 g Marzipanrohmasse

70 g Puderzucker

2 Eier

80 g geschälte gemahlene Mandeln

1 kg kleine Aprikosen

100 g ganze geschälte Mandeln

Den Mürbeteig nach dem Rezept auf Seite 8 zubereiten und 30 Minuten im Kühlschrank ruhen lassen.

Für die Füllung die Butter mit der Marzipanrohmasse und dem Puderzucker schaumig rühren. Nacheinander die Eier zugeben, zuletzt die gemahlenen Mandeln einrühren.

Den Backofen auf 180 °C vorheizen. Den Mürbeteig ausrollen und mit einem runden Ausstecher 24 Teigkreise von 6 cm Durchmesser ausstechen. Die gebutterten Vertiefungen eines Blechs für kleine Torteletts (Ø 4 cm) mit dem Teig auslegen (oder kleine Einzelförmchen verwenden). In jede etwas von der Füllung geben, jeweils eine halbe Aprikose daraufsetzen und 10–15 Minuten backen.

In der Zwischenzeit die Mandeln in einer beschichteten Pfanne ohne weitere Zugaben leicht rösten. Die Törtchen aus der Form lösen, auf jedes eine Mandel setzen und lauwarm oder kalt servieren.

Vorbereitungszeit 40 Minuten
Garzeit 15 Minuten

Ricottakekse mit Mandeln

Für etwa 30 Kekse

50 g weiche Butter

120 g Zucker

2 Eigelb

200 g Ricotta

350 g Mehl

1 TL Backpulver

Für die Garnierung

1 Eiweiß

Zucker

ganze Mandeln oder Mandelblättchen

Die Butter mit dem Zucker schaumig rühren. Eigelbe und Ricotta einarbeiten und langsam das mit dem Backpulver vermischte Mehl zugeben, bis ein fester Teig entstanden ist. Den Teig in Klarsichtfolie gehüllt 30 Minuten im Kühlschrank ruhen lassen.

Den Backofen auf 200 °C vorheizen. Ein Backblech mit Backpapier auslegen. Den Teig auf einer bemehlten Arbeitsfläche 3–4 mm dünn ausrollen. Mit beliebig geformten Ausstechern Kekse ausstechen und auf das Blech legen.

Das Eiweiß mit einer Gabel ganz leicht verschlagen. Mit einem Backpinsel jeden Keks mit etwas Eiweiß bestreichen, mit Zucker bestreuen und eine ganze oder blättrig geschnittene Mandel daraufsetzen. 12–15 Minuten backen, abkühlen lassen und servieren.

Vorbereitungszeit 35 Minuten
Garzeit 15 Minuten

Madeleines mit Zitronenaroma

Für etwa 40 große Madeleines

4 Eier

150 g Zucker

20 g brauner Zucker

1 Prise Salz

2–3 Tropfen Zitronenöl

180 g Mehl

1 Pk. Backpulver

abgeriebene Schale einer unbehandelten Zitrone

180 g zerlassene Butter, abgekühlt

Die Eier mit beiden Sorten Zucker, dem Salz und dem Zitronenöl aufschlagen, bis die Masse cremig ist. Das mit dem Backpulver gesiebte Mehl zusammen mit der Zitronenschale unter die Masse heben. Zuletzt die zerlassene, abgekühlte Butter untermischen. Den Teig mit einem Tuch zugedeckt an einem kühlen Ort 30 Minuten ruhen lassen.

Den Backofen auf 240 °C vorheizen. Ein Madeleineblech großzügig mit weicher Butter fetten und mit Mehl ausstäuben (oder besser eine Madeleineform aus Silikon verwenden). Den Teig in einen Spritzbeutel mit Lochtülle füllen und den Teig so in die Mulden spritzen, dass sie fest gefüllt sind und beim Absetzen des Spritzbeutels ein Teighügel entsteht.

Sofort in den Ofen geben und etwa 8 Minuten backen, dabei die Hitze nach 4 Minuten auf 200 °C reduzieren. Das Blech hart auf die Arbeitsfläche stoßen, um die Madeleines zu lösen. Anschließend aus dem Blech stürzen, leicht auskühlen lassen und möglichst frisch verzehren.

Vorbereitungszeit 30 Minuten
Garzeit etwa 8 Minuten

Frittierte Reiskrapfen

Für etwa 20 Krapfen

750 ml entrahmte Milch

1 Prise Salz

40 g Zucker

Mark einer Vanilleschote

200 g Arborio-Reis

50 g Butter

2 Eier, getrennt

50 g grob gehackte Pistazien

½ TL Zimtpulver

frisch geriebene Muskatnuss

10 g frische Hefe

50 g Mehl

Öl zum Frittieren

Puderzucker zum Bestäuben

Die Milch mit Salz, 20 g Zucker und Vanillemark zum Kochen bringen. Den Reis zugeben, 5 Minuten kochen lassen. Dann die Butter einrühren und den Reis leise köcheln lassen, bis ein dicker Brei entstanden ist. In der Zwischenzeit die Eiweiße mit dem restlichen Zucker zu steifem Schnee schlagen.

Den Reisbrei in einer Schüssel abkühlen lassen. Die Eigelbe, Pistazien, Zimt, Muskat, die zerbröckelte Hefe und das Mehl dazugeben. Gut durchrühren. Zuletzt den Eischnee unterheben. Zugedeckt 30 Minuten ruhen lassen.

Das Öl in einem großen Topf auf 180 °C erhitzen. Den Reisteig noch einmal durchrühren. Mit einem Esslöffel Nocken von dem Reisteig abstechen, mithilfe eines zweiten Löffels in das heiße Fett schieben und die Krapfen auf jeder Seite 2–3 Minuten ausbacken, bis sie goldbraun sind. Auf Küchenpapier abtropfen lassen. Mit Puderzucker bestäubt heiß servieren. Nach Geschmack zum Dippen pürierte Erdbeeren dazu reichen.

Vorbereitungszeit 20 Minuten
Garzeit 55 Minuten

Zur Füllung des Omeletts kann man statt des Mascarpone und der gemischten Beeren auch 2–3 EL einer Konfitüre nach Geschmack wählen, die man mit einem passenden Likör anrührt. Dekorieren kann man dann mit beliebigen Früchten der Saison.

Schaumomelette mit Waldfrüchten

Für 4 Portionen

150 g Mascarpone
100 g Zucker
1 Eiweiß
3 Eier, getrennt
Mark einer Vanilleschote
abgeriebene Schale einer unbehandelten Zitrone
40 g Mehl
60 g Butter, zerlassen
300–400 g gemischte frische Beeren

Den Mascarpone mit 40 g Zucker verrühren. Das Eiweiß steif schlagen, unter den Mascarpone heben und beiseitestellen. Den Backofen auf 200 °C vorheizen.

Das Eigelb mit Vanillemark, Zitronenschale und 30 g Zucker verrühren. Die Eiweiße mit dem restlichen Zucker zu steifem Schnee schlagen und vorsichtig unter die Eicreme ziehen. Das Mehl darübersieben und mit einem Spatel locker unterheben, zuletzt die Hälfte der zerlassenen Butter einarbeiten.

Die restliche Butter in einer ofenfesten großen Pfanne erhitzen. Die Omelettemasse hineingeben und mit dem Spatel glattstreichen. Etwa 3 Minuten auf der Herdplatte anbraten, dann im vorgeheizten Ofen etwa 10 Minuten backen.

Aus dem Ofen nehmen, die Mascarponecreme und die Beeren darauf verteilen. Mithilfe einer Palette zusammenklappen, auf einen Servierteller gleiten lassen und sofort servieren.

Vorbereitungszeit 30 Minuten
Garzeit etwa 15 Minuten

Panna cotta mit Erdbeerpüree

Für 6–8 Portionen

750 ml frische Sahne

Mark einer Vanilleschote

200 g Zucker

6 Blatt Gelatine

Für das Erdbeerpüree

150 g frische Erdbeeren

1 EL Zucker

1 EL Grand Marnier (nach Geschmack)

Aus Sahne, Vanillemark, Zucker und Gelatine wie auf den Seiten 62–63 beschrieben eine Panna cotta zubereiten, die Masse aber nicht in Einzelförmchen, sondern in eine mit kaltem Wasser ausgespülte Gugelhupfform füllen. Für mindestens 3 Stunden in den Kühlschrank stellen.

Die gewaschenen Erdbeeren im Mixer mit dem Zucker pürieren und mit dem Orangenlikör aromatisieren.

Die erstarrte Panna cotta auf eine Servierplatte stürzen, das Erdbeerpüree darübergießen und servieren.

Vorbereitungszeit 25 Minuten
Garzeit 15 Minuten

Himbeermousse

Für 4 Portionen

200 g frische Himbeeren

2 Eigelb

70 g Zucker

Für die Garnierung

200 ml Sahne

1 Pk. Vanillinzucker

Die Himbeeren pürieren und durch ein Haarsieb streichen. Die Eigelbe mit dem Zucker in einem Schlagkessel sehr schaumig aufschlagen. Das Himbeerpüree dazugeben und den Schlagkessel auf das heiße Wasserbad stellen.

Die Masse unter ständigem Rühren etwa 15 Minuten erhitzen (aber nicht zum Kochen kommen lassen).

Auf vier Portionsschälchen verteilen und 4–6 Stunden in den Kühlschrank stellen. Die Sahne mit dem Vanillezucker steif schlagen. In einen Spritzbeutel mit Sterntülle füllen und auf jede Portion Himbeermousse eine Sahnerosette spritzen. Anschließend sofort servieren.

Vorbereitungszeit 10 Minuten
Garzeit 15 Minuten

Soll das Dessert den krönenden Abschluss eines Menüs bilden, kann man es mit einer Rosette aus geschlagener Sahne dekorieren, die man mit dem Spritzbeutel mit Sterntülle aufspritzt.

Frischkäsecreme mit Kaffee

Für 4–6 Portionen

500 g Frischkäse (Quark oder Ricotta)

100 g Zucker

125 ml starker Kaffee, abgekühlt

2–3 EL brauner Rum

4–6 Sandkekse (siehe Seite 20)

50 g Zitronat, fein gewürfelt

Für die Garnierung

Kaffeebohnen oder Mokkabohnen aus Schokolade

Den Frischkäse mit dem Zucker verrühren, dabei den Kaffee und den Rum einlaufen lassen.

Die nach dem Rezept auf den Seiten 20–21 hergestellten Sandkekse (oder beliebige andere trockene Kekse) grob zerbröseln und zusammen mit dem Zitronat unter die Masse heben.

Die Frischkäsecreme in die entsprechende Zahl von Portionsschälchen füllen und vor dem Servieren 4–5 Stunden in den Kühlschrank stellen. Mit Kaffeebohnen dekoriert servieren.

Zubereitungszeit 15 Minuten

Mit Tee parfümierte Mousse au chocolat

Für 6 Portionen

100 g Schokolade (mindestens 60 % Kakaoanteil)

2 TL Teeblätter (vorzugsweise Earl Grey)

2 Eiweiß

40 g Zucker

300 ml süße Sahne

Für die Garnierung

6 Kapstachelbeeren

12 Himbeeren

Die in Stücke gebrochene Schokolade im Wasserbad oder in der Mikrowelle schmelzen. Die Teeblätter im Mörser zu Pulver zerstoßen und sieben. Die Eiweiße mit der Hälfte des Zuckers zu steifem Schnee schlagen.

Die Sahne mit dem restlichen Zucker und dem Teepulver in einem großen Gefäß steif schlagen. Die geschmolzene Schokolade einarbeiten, zuletzt den Eischnee unterheben.

Die Masse in einen Spritzbeutel mit Sterntülle füllen und in 6 kleine Portionsförmchen je eine große Rosette spritzen. Bis zum Verzehr (jedoch mindestens 2 Stunden) in den Kühlschrank stellen. Mit jeweils einer Kapstachelbeere und 2 frischen Himbeeren garnieren und servieren.

Vorbereitungszeit 20 Minuten
Garzeit 5 Minuten

Crème caramel mit Kaffee

Für 6 Portionen

300 ml Sahne

1 Vanilleschote

100 ml sehr starker Kaffee

3 Eier, 2 Eigelb

80 g Zucker

Für den Karamellspiegel

100 g Zucker

1–2 EL Portwein

Für den Karamell den Zucker in eine Kasserolle geben und erhitzen. Erst rühren, wenn der Zucker am Rand geschmolzen ist. Dann langsam rühren, bis der Zucker zart gebräunt ist. Den Portwein dazugeben (der Karamell wird erst hart, löst sich dann aber wieder) und jedes der 6 Portionsförmchen etwa 3 mm hoch mit Karamell befüllen. Die Förmchen bewegen, damit sie innen ganz mit Karamell ausgekleidet sind. Beiseitestellen.

Den Backofen auf 180 °C vorheizen. Die Sahne in einer Stielkasserolle zusammen mit der aufgeschlitzten Vanilleschote zum Kochen bringen, vom Herd nehmen, die Vanilleschote entfernen und den Kaffee einrühren.

Eier und Eigelbe in einer Schüssel zusammen mit dem Zucker cremig aufschlagen. Dann die mit dem Kaffee gemischte Sahne einrühren. Die Masse in die karamellisierten Förmchen füllen. Die Förmchen in eine flache feuerfeste Schale stellen und kochendes Wasser angießen (die Förmchen sollten bis zur Hälfte ihrer Höhe darin stehen).

Die Schale in den vorgeheizten Ofen stellen und die Creme 20 Minuten stocken lassen. Abkühlen und dann 4 Stunden im Kühlschrank völlig durchkühlen lassen. Vor dem Servieren auf Teller stürzen und nach Belieben mit Minzeblättchen dekorieren.

Vorbereitungszeit 35 Minuten
Garzeit 45 Minuten

Kalte Zabaione mit Pfirsichen

Für 4–6 Portionen

1 Blatt Gelatine

250 ml süße Sahne

3 Pfirsiche

4 Eigelb

60 g Zucker

150 ml Marsala

Die Gelatine in kaltem Wasser quellen lassen, die Sahne steif schlagen. Zwei der Pfirsiche in kleine Würfel schneiden.

Eigelbe, Zucker und Marsala in einem Schlagkessel über dem Wasserbad mit dem Schneebesen (oder dem Elektroquirl) aufschlagen, bis eine luftig-schaumige, etwa 70 °C heiße Creme entstanden ist.

Die eingeweichte Gelatine ausdrücken, in die heiße Zabaione geben und völlig darin auflösen. Die Zabaione über einer Schüssel mit Eiswasser schlagen, bis sie fast kalt ist, dann die geschlagene Sahne und die Pfirsichwürfel unterheben. Die Zabaione auf Portionsförmchen verteilen und für mindestens 2 Stunden in den Kühlschrank stellen.

Den letzten Pfirsich in hauchdünne Scheiben schneiden. Jede Portion vor dem Servieren mit einigen Pfirsichscheiben garnieren.

Vorbereitungszeit 25 Minuten
Garzeit 15 Minuten

Statt mit Pfirsichen kann man dieses Dessert auch mit Nektarinen oder Aprikosen zubereiten.

Amaretti-Pudding mit Pfirsichen

Für 6 Portionen

1 kg Pfirsiche

200 g Zucker

200 g Amaretti, zerbröselt

Butter für die Förmchen

6 Sandkekse (siehe Seite 20), zerbröselt

2 Eier

30 g Butter

80 g Pfirsichkonfitüre

3-4 EL Pfirsichlikör

Den Backofen auf 180 °C vorheizen. Die Pfirsiche mit kochendem Wasser blanchieren und häuten. Das Fruchtfleisch klein würfeln, 3 Esslöffel davon abnehmen und beiseitestellen.

Den Rest der Pfirsichwürfel in eine Schüssel geben. Mit dem Zucker, den zerbröselten Amaretti und den verquirlten Eiern vermischen.

6 ofenfeste Portionsförmchen gut buttern und mit den Keksbröseln (von den Sandkeksen oder von anderen trockenen Keksen) auskleiden. Die Pfirsichmasse einfüllen und im Ofen etwa 30 Minuten garen.

Abkühlen lassen und aus den Förmchen stürzen. Die Konfitüre mit dem Likör verrühren. Auf jeden Amaretti-Pudding etwas von der Konfitüre sowie ein paar von den zurückbehaltenen Pfirsichwürfeln geben und servieren.

Vorbereitungszeit 25 Minuten
Garzeit 30 Minuten

Statt des griechischen Joghurts (er hat 10 % Fettgehalt) kann man auch einen fettarmen Naturjoghurt verwenden. Um ihm einen vollmundigeren Geschmack zu geben, kann man ihn eine Stunde auf einem mit Mull ausgekleideten Sieb abtropfen lassen.

Reis mit Joghurt, Honig und Früchten

Für 4 Portionen

100 g Rundkornreis

250 g griechischer Joghurt

150 g Nektarinen, gewürfelt

40 g Orangeat, fein gewürfelt (siehe Seite 118)

4 EL Akazienhonig

Für die Garnierung

30 g Mandelblättchen

Den Reis in reichlich Wasser garen, in ein Sieb schütten und kalt abspülen. Sehr gut abtropfen lassen und in eine Schüssel geben.

Den Joghurt, die gewürfelte Nektarine, das nach dem Rezept auf Seite 118 hergestellte Orangeat (oder fertiges Orangeat bester Qualität) und Honig hinzufügen. Alles gründlich durchmischen und auf 4 Portionsschälchen verteilen.

Die Mandelblättchen in einer antihaftbeschichteten Pfanne leicht rösten. Das Dessert damit bestreuen und servieren.

Vorbereitungszeit 5 Minuten
Garzeit 15 Minuten

Die genannten Früchte sind als Vorschlag zu verstehen, man kann beliebige andere Früchte verwenden, auch Exoten wie Ananas, Kiwi, Papaya und Mango.

Sommerliche Charlotte

Für 6 Portionen

3 Pfirsiche (oder in Sirup eingelegte Früchte, siehe Seite 110)
3 Äpfel
2 Birnen
2 Nektarinen
6 Aprikosen
150 g Zucker
etwa 350 g Löffelbiskuits
250 ml Orangensaft
3 EL Brandy
Aprikosenkonfitüre

Die Pfirsiche häuten (oder in Sirup eingelegte Früchte verwenden, siehe Seiten 110–111), Äpfel und Birnen schälen. Alle Früchte in kleine Würfel schneiden, in einen Topf geben und durchmischen. 2 Esslöffel abnehmen und zugedeckt in den Kühlschrank stellen. Über die restlichen Früchte den Zucker streuen und 30 Minuten Saft ziehen lassen.

Inzwischen eine zylindrische Charlottenform (Ø 18 cm, Höhe 11 cm) mit Wasser auspinseln und mit Klarsichtfolie auskleiden. Die Löffelbiskuits mit der nicht gezuckerten Seite kurz in Orangensaft tauchen und nebeneinander aufrecht in die Form stellen. Dann auch den Boden der Form vollständig mit Löffelbiskuits auskleiden. Die Form in den Kühlschrank stellen.

Die gezuckerten Früchte auf mittlerer Hitze zum Kochen bringen und unter Rühren 2–3 Minuten köcheln lassen, dann sofort vom Herd nehmen. Wenn sie abgekühlt sind, die Früchte in die vorbereitete Form füllen. Löffelbiskuits mit einer Seite in Brandy tauchen und als Deckel auf die Fruchtfüllung legen. Die Form 30 Minuten in den Kühlschrank stellen.

Die Charlotte auf eine Servierplatte stürzen, mit erwärmter Aprikosenkonfitüre glasieren und mit den zurückbehaltenen Früchten dekorieren.

Vorbereitungszeit 50 Minuten
Garzeit 5 Minuten

Mini-Charlotte mit Mascarponecreme

Für 6 Portionen

300 g englische Creme (siehe Seite 96)

4 Blatt Gelatine

300 g Mascarpone

Löffelbiskuits nach Bedarf

Für die Garnierung

200 ml Sahne

1 Vanillinzucker

200 g frische Früchte nach Geschmack

Nach dem Rezept auf Seite 96 eine englische Creme (halbe Menge) herstellen. Die Gelatine in kaltem Wasser quellen lassen und gut ausgedrückt in der heißen Creme völlig auflösen. Wenn die Creme anzieht, den Mascarpone untermischen und in 6 passende Gläser mit geradem Rand je 1 EL der Creme geben.

Jedes Glas mit aufrecht stehenden Löffelbiskuits (gezuckerte Seite nach außen) auskleiden, die restliche Creme in die Mitte füllen und die Gläser in den Kühlschrank stellen.

Vor dem Servieren die Sahne mit dem Vanillinzucker aufschlagen. Auf jedes Glas eine Sahnehaube setzen und darauf die frischen Früchte arrangieren. Sofort servieren.

Vorbereitungszeit 30 Minuten
Garzeit 15 Minuten

Espresso-Zabaione

Für 4 Portionen

4 Eigelb

4 EL Zucker

8 EL starker Espresso, etwas abgekühlt

Eigelbe und Zucker in einem Schlagkessel über dem Wasserbad mit dem Elektroquirl schaumig rühren, dabei den Espresso einlaufen lassen.

Die Zabaione über dem Wasserbad aufschlagen, bis sie sehr luftig und schaumig ist, und sofort heiß servieren. Nach Geschmack mit etwas sehr fein gemahlenem Kaffee oder Kakao bestreuen.

Vorbereitungszeit 5 Minuten
Garzeit 10 Minuten

Um Mandelmakronen vom Typ Amaretti selbst herzustellen, 200 g geschälte süße und 150 g ungeschälte bittere Mandeln mahlen. 3 Eiweiße mit 300 g Zucker zu steifem Schnee schlagen, die Mandeln unterheben, von der Masse Häufchen auf ein Blech setzen, 2 Stunden ruhen lassen, dann bei 140 °C 45 Minuten backen.

Amaretti-Cremespeise im Glas

Für 4–6 Portionen

200 g Blätterteig (siehe Seite 14 oder TK-Ware)

Puderzucker nach Bedarf

etwa 300 g Konditorcreme (siehe Seite 97)

abgeriebene Schale einer unbehandelten Zitrone

200 g Amaretti, grob zerkrümelt

Den Backofen auf 210 °C vorheizen. Den Blätterteig 3 mm dünn ausrollen und als ganze Platte auf ein mit Backpapier ausgekleidetes Blech legen. Mit Puderzucker bestäuben und nach Sicht backen, bis der Zucker karamellisiert. Abkühlen lassen und mit einem runden Ausstecher 8–12 Kreise ausstechen.

Nach dem Rezept auf Seite 97 eine Konditorcreme (halbe Menge) herstellen. Unter die fertige, noch heiße Creme die Zitronenschale und 150 g der Amaretti mischen. Etwas Creme auf 4–6 Gläser verteilen, je eine Blätterteigscheibe einschichten und mit Creme bedecken. Im Kühlschrank erkalten lassen.

Vor dem Servieren die restlichen Amaretti und je eine Blätterteigscheibe daraufsetzen und servieren.

Vorbereitungszeit 30 Minuten
Garzeit 15 Minuten

Quarkcreme mit Erdbeercoulis

Für 4–6 Portionen

400 g Erdbeercoulis (siehe Seite 98)

250 g Magerquark

50 g Puderzucker

abgeriebene Schale einer unbehandelten Zitrone

200 ml Sahne

Für die Garnierung

frische rote Früchte nach Wahl

Puderzucker

Nach dem Rezept auf Seite 98 eine Coulis von 300 g Erdbeeren herstellen und erkalten lassen.

Den Quark in einer Schüssel mit dem Puderzucker und der sehr fein abgeriebenen Zitronenschale glatt rühren. Die Sahne steif schlagen und unter den Quark mischen.

Quarkmasse und Coulis abwechselnd in Gläser füllen. Mit frischen Früchten nach Geschmack garnieren, mit Puderzucker überstäuben und servieren.

Vorbereitungszeit 30 Minuten
Garzeit 15 Minuten

Geschichtete Himbeer- und Zitronencreme

Für 4 Portionen

Für die Zitronencreme

100 g Magerquark

Saft und abgeriebene Schale einer unbehandelten Zitrone

1 Döschen Safranpulver

1 Tütchen Gelatinefix

200 ml Sahne, geschlagen

80 g Puderzucker

Für die Himbeercreme

200 g Himbeeren

2 EL Himbeergeist

1 Tütchen Gelatinefix

20 g Puderzucker

Den Quark mit dem Saft und der Schale der Zitrone, dem Safran und dem Gelatinefix mit dem Elektroquirl 1 Minute aufschlagen. Die geschlagene Sahne unterheben, dann erst den Puderzucker einrühren. Beiseitestellen.

Die Himbeeren mit dem Himbeergeist pürieren. Gelatinefix dazugeben und 1 Minute mit dem Schneebesen einrühren, dann erst den Puderzucker dazugeben.

Wenn beide Cremes anzuziehen beginnen, diese lagenweise – beginnend mit Himbeercreme – in gläserne Portionsschälchen füllen. Aufpassen, dass sich die Cremes nicht vermischen.

Im Kühlschrank mindestens 2 Stunden gelieren lassen. Mit frischen Himbeeren und einem Hauch Puderzucker garnieren und servieren.

Zubereitungszeit 30 Minuten

Zitronenpudding

Für 4–6 Portionen

2 Eier, getrennt

100 g Zucker

50 g Butter, zerlassen

40 ml Milch

50 g Mehl

½ TL Backpulver

abgeriebene Schale und Saft einer unbehandelten Zitrone

Butter für die Förmchen

Den Backofen auf 180 °C vorheizen. Die Eigelbe mit der Hälfte des Zuckers schaumig rühren. Dann die zerlassene Butter und die Milch unterrühren sowie das mit dem Backpulver vermischte Mehl, die Zitronenschale und den -saft einarbeiten.

Das Eiweiß mit dem restlichen Zucker zu steifem Schnee schlagen. Die Hälfte davon unter den Teig rühren, den Rest locker unterheben. Die Masse in die gebutterten Förmchen geben (höchstens zu zwei Drittel füllen), in eine Saftpfanne stellen, bis zur Hälfte der Höhe der Förmchen kochendes Wasser angießen und im Backofen 25–30 Minuten garen. Heiß oder lauwarm servieren.

Vorbereitungszeit 20 Minuten
Garzeit 30 Minuten

Kuppel-Charlotte mit Erdbeeren

Für eine Charlotte von Ø 20 cm

100 g Erdbeeren

100 g Himbeeren

Saft einer halben Zitrone

100 g Zucker

1 frisches Kastenweißbrot

Für die Fruchtfüllung

250 g Erdbeeren

50 g Zucker

2 EL Grand Marnier

Für die Creme

4 Blatt Gelatine

300 g englische Creme (siehe Seite 96)

250 ml Sahne

1 Pk. Vanillinzucker

Erdbeeren, Himbeeren, Zitronensaft und Zucker zusammen im Mixer pürieren und griffbereit stellen. Das Kastenweißbrot längs in 1 cm breite Scheiben schneiden, die Kruste rundherum entfernen, sodass gerade längliche Rechtecke entstehen. Auf jedes Rechteck etwas von der Fruchtmasse streichen, die Brotscheiben aufrollen und fest in Klarsichtfolie gewickelt in den Kühlschrank legen.

Die Erdbeeren für die Füllung längs halbieren, mit Zucker bestreuen und mit Grand Marnier übergießen, im Kühlschrank ziehen lassen.

Für die Creme die Gelatine in kaltem Wasser einweichen. Nach dem Rezept auf Seite 96 eine englische Creme bereiten (halbe Menge), die gut ausgedrückte Gelatine in der heißen Creme völlig auflösen. Wenn die Creme anzuziehen beginnt, die mit dem Vanillinzucker steif geschlagene Sahne unterheben.

Die Brotrollen in etwa 1 cm dünne Scheiben schneiden und eine Eisbombenform dicht mit den Scheiben auslegen. Etwa zwei Drittel der Creme in die mit den Brotscheiben ausgelegte Form füllen. Die marinierten Erdbeeren (bis auf einige für die Garnierung) unter die restliche Creme mischen, diese ebenfalls in die Form füllen und mit weiteren Brotscheiben bedecken.

Für mindestens 6 Stunden in den Kühlschrank stellen. Die Charlotte vorsichtig auf einen Teller stürzen und mit Erdbeeren und Melisseblättchen garnieren.

Vorbereitungszeit 70 Minuten
Garzeit 20 Minuten

Gebackene Creme mit Früchten

Für 4 Portionen

250 g gemischte Beeren (frisch oder TK-Ware)

20 g Butter

300 ml Milch

Mark einer Vanilleschote

3 Eier

100 g Zucker

2 TL Speisestärke

Puderzucker

Vanilleeis (Fertigprodukt)

Den Backofen auf 160 °C vorheizen. Vier kleine Quicheformen ausbuttern und die Früchte darauf verteilen. Die Milch mit dem Vanillemark erhitzen.

Die Eier mit dem Zucker schaumig rühren. Die Speisestärke darübersieben und einarbeiten. Die heiße Milch einrühren. Die Masse gleichmäßig auf die vier vorbereiteten Formen verteilen. Im Ofen etwa 30 Minuten backen.

Abkühlen lassen, mit Puderzucker überstäuben und auf jede Portion eine Kugel Vanilleeis setzen.

Vorbereitungszeit 20 Minuten
Garzeit 30 Minuten

Orangensoufflé

Für 4 Portionen

5 große Orangen mit fester Schale
40 g Butter
40 g Mehl
3 Eier, getrennt
50 g Zucker

Die Orangen waschen und abtrocknen. Von 4 der Orangen oben einen Deckel abschneiden, das Fruchtfleisch mithilfe eines Orangenmessers und/oder Kugelausstechers möglichst vollständig entfernen, ohne die Schale zu verletzen, sodass man sie als Form benutzen kann (oder die Soufflés in Portionsförmchen backen). Das Fruchtfleisch in ein Sieb geben und mit einem Löffelrücken auspressen. Von der fünften Orange die Schale abreiben und den Saft auspressen; insgesamt sollten es 300 ml Saft sein.

Den Backofen auf 200 °C vorheizen. Die Butter in einem Topf zerlassen, das Mehl hineingeben und eine helle Schwitze bereiten. Den Topf vom Herd nehmen und unter kräftigem Rühren den Orangensaft einarbeiten. Die Masse muss glatt und ohne Klümpchen sein. Dann nacheinander die Eigelbe sowie die Orangenschale einrühren.

Das Eiweiß mit dem Zucker zu steifem Schnee schlagen und unter die Masse heben. Die Soufflémasse in die Orangenschalen geben (nur zu zwei Drittel füllen) und im vorgeheizten Ofen etwa 30 Minuten backen. Mit Puderzucker bestäuben und heiß servieren.

Vorbereitungszeit 60 Minuten
Garzeit 30 Minuten

Mokkasoufflé

Für 8 Portionen

50 g weiche Butter

50 g Mehl

125 ml Milch

Mark einer Vanilleschote

125 ml starker Mokka

1 Eiweiß

4 Eier, getrennt

80 g Zucker

Den Backofen auf 200 °C vorheizen. Butter und Mehl vermischen, zu einer Rolle formen und in kleine Portionen teilen. Die Milch mit dem Vanillemark und dem Mokka zum Kochen bringen, nach und nach die Mehlbutter hineingeben und jeweils mit dem Schneebesen kräftig rühren, bis eine glatte Masse entstanden ist.

Den Topf vom Herd nehmen und ein ungeschlagenes Eiweiß in die heiße Masse rühren, dann nach und nach die Eigelbe einarbeiten. Die 4 Eiweiß mit dem Zucker zu steifem Schnee schlagen. Ein Drittel des Eischnees in die Masse einrühren, den Rest locker unterheben.

Die Masse auf 8 gebutterte Souffléförmchen (125 ml Inhalt oder entsprechende Mokkatässchen aus Steingut) verteilen. In die Saftpfanne des Backofens stellen, kochendes Wasser bis zur halben Höhe der Förmchen angießen und etwa 25 Minuten garen. Sofort mit Puderzucker überstäubt servieren.

Vorbereitungszeit 20 Minuten
Garzeit 35 Minuten

Die Baisers sollte man fertig beim Konditor kaufen, da in einer normalen Haushaltsküche in der Regel eine zu große Luftfeuchtigkeit für deren Herstellung herrscht. Wer es dennoch selbst versuchen möchte: 8 Eiweiß mit 450 g Zucker zu festem Schnee schlagen. Mit dem Spritzbeutel kleine Rosetten auf ein mit Backpapier ausgelegtes Blech spritzen und bei 100 °C mindestens 90 Minuten mehr trocknen als backen.

Erdbeerhalbgefrorenes mit Baiser

Für 8–10 Portionen

400 g Erdbeeren

30 kleine Baisers (Schäumchen)

200 ml Sahne

2 EL Sherry

Die Erdbeeren waschen, gut abtropfen lassen, zupfen und im Mixer pürieren. Die Baisers zerbröseln, die Sahne steif schlagen.

Erdbeerpüree, Baiserbrösel und Sahne miteinander vermischen. Die Masse in eine Kastenform füllen und im Gefrierschrank mindestens 4 Stunden gefrieren lassen.

Aus der Form stürzen und mit Erdbeeren, Sahnetupfen und zerkrümelten Schäumchen garniert servieren.

Vorbereitungszeit 20 Minuten

Marzipanparfait mit Orangensoße

Für 6–8 Portionen

100 ml Milch

2 Tropfen Bittermandelöl

5 Eigelb

150 g Zucker

150 g Marzipanrohmasse, in kleinen Würfeln

300 ml Sahne, geschlagen

Für die Orangensoße

Saft von 6 Blutorangen

70 g Gelierzucker

Die Milch mit dem Bittermandelöl zum Kochen bringen. Die Eigelbe mit dem Zucker in einem Schlagkessel cremig verrühren. Kellenweise die heiße Milch und portionsweise die Marzipanrohmasse hinzufügen, nach jeder Zugabe gut mit dem Elektroquirl verrühren.

Den Schlagkessel auf das heiße Wasserbad setzen und unter ständigem weiteren Quirlen erhitzen, bis die Creme etwa 70 °C heiß ist. Den Kessel dann auf Eiswasser setzen und die Creme schlagen, bis sie kalt ist. Die geschlagene Sahne unterziehen, auf 6 Förmchen verteilen und für etwa 3 Stunden in den Gefrierschrank stellen.

Für die Orangensoße den Saft in einen Topf geben, den Gelierzucker hinzufügen und etwa 5 Minuten kochen, bis der Saft andickt; erkalten lassen (der Saft geliert dabei nach).

Die Parfaitförmchen kurz in heißes Wasser tauchen, die Parfaits auf Servierteller stürzen, mit der Soße und den Orangenfilets anrichten und servieren.

Vorbereitungszeit 45 Minuten
Garzeit 20 Minuten

Pfirsichsorbet

Für 4 Portionen

600 g weiße Pfirsiche

150 ml Zuckersirup zum Faden gekocht (siehe Seite 189, „Sirup")

150 ml trockener Sekt

1 Eiweiß

Die Pfirsiche kurz mit kochendem Wasser überbrühen, dann häuten. Das Fruchtfleisch im Mixer pürieren, in eine Schüssel geben und mit dem kalten Zuckersirup und dem Sekt verrühren. Das Eiweiß halb steif schlagen und unter die Masse mischen.

Die Masse entweder in der Sorbetiere in etwa 20 Minuten gefrieren oder in einem Behälter in das Gefrierfach geben (insgesamt etwa 2 Stunden). Dann alle 20–30 Minuten herausnehmen und mit dem Elektroquirl durchmixen, damit sich möglichst wenig Eiskristalle bilden.

Das Sorbet in Gläsern servieren, nach Geschmack jede Portion mit einer Gardenie dekorieren.

Vorbereitungszeit 30 Minuten
Garzeit 15 Minuten

Die Konfitüre eignet sich hervorragend als Brotaufstrich für das Frühstück, denn auf frischem Brot oder einem Brötchen mit Butter entfaltet sich ihr Geschmack besonders gut. Man kann sie aber auch zum Füllen von Crêpes (siehe Seite 56) verwenden.

Fruchtkonfitüre mit Basilikum und Vanille

Für 4–5 Gläser zu 250 g

1 kg Erdbeeren

500 g Himbeeren

350 g Brombeeren

125 g Heidelbeeren

1,1 kg Zucker

60 ml Likörwein (vorzugsweise Zibibbo)

15 große Basilikumblätter

1–2 TL Vanilleextrakt

Die Früchte vorsichtig waschen, putzen und verlesen. Die Erdbeeren in Stücke schneiden. Alle Früchte zusammen mit dem Zucker in einen großen Topf geben und mindestens 4 Stunden Saft ziehen lassen.

Den Likörwein, die Basilikumblätter (bis auf 5 Stück für die Gläser) und den Vanilleextrakt dazugeben und bei starker Hitze unter Rühren zum Kochen bringen. Sobald Schaum aufsteigt, diesen mit einer Siebkelle abheben. Die Hitze etwas reduzieren und unter häufigem Rühren etwa 1 Stunde kochen lassen. Zwischendurch immer wieder abschäumen. Nach etwa 30 Minuten Kochzeit kann man die Früchte in der Konfitüre mit dem Stabmixer zerkleinern.

Die heiße Konfitüre in sterilisierte Gläser füllen, jeweils ein Blatt Basilikum darauflegen, fest verschließen und vor dem Verzehr mindestens 14 Tage ruhen lassen.

Vorbereitungszeit 45 Minuten
Garzeit 60 Minuten

Susinenkonfitüre mit scharfen Gewürzen

Für 6 Gläser zu 250 g

2 kg Susinen

1 kg Zucker

abgeriebene Schale einer unbehandelten Zitrone

abgeriebene Schale einer unbehandelten Orange

1 EL mildes Currypulver

1 EL Zimtpulver

1 EL Mohnsamen

2 TL rosa Pfeffer, ganze Beeren

½ TL getrockneter Thymian

1 TL Ingwerpulver

frisch abgeriebene Muskatnuss

1 EL Honig

6 Minzeblätter

Die Susinen waschen, entsteinen, in Stücke schneiden und in einen Topf geben. Zucker und Zitrusschalen hinzufügen, durchrühren und zugedeckt über Nacht stehen lassen.

Die Früchte bei starker Hitze unter Rühren zum Kochen bringen. Dann die Hitze reduzieren und unter gelegentlichem Rühren 30 Minuten leise köcheln lassen. Nun alle Gewürze (bis auf die Minzeblätter) und den Honig dazugeben, gut durchrühren und weitere 30 Minuten köcheln lassen. Nach Wunsch kann man vor der Zugabe der Gewürze die Früchte mit dem Stabmixer zerkleinern.

Die heiße Konfitüre in sterilisierte Gläser füllen, jeweils ein Blatt Minze darauflegen, fest verschließen und vor dem Verzehr mindestens 14 Tage ruhen lassen.

Vorbereitungszeit 30 Minuten
Garzeit 60 Minuten

Aprikosenkonfitüre mit Maraschino

Für 2 Gläser zu 250 g

1,2 kg Aprikosen

300 g Zucker

300 g brauner Zucker

Saft einer Zitrone

40 ml Maraschino

Die gewaschenen Aprikosen in Stücke schneiden und zusammen mit dem Zucker und dem Zitronensaft in einen großen Topf geben. Gut durchrühren und bei starker Hitze zum Kochen bringen. Dabei ständig rühren, damit nichts ansetzt.

Sobald die Masse kocht, die Hitze reduzieren und 2 Stunden unter häufigem Rühren köcheln lassen, dabei den Schaum, der sich bildet, mit einer Siebkelle abheben. Nach etwa 1 Stunde Kochzeit den Maraschino zugeben.

Die Konfitüre leicht abkühlen lassen, dann in sterilisierte, trockene, gut schließende Gläser füllen. Die Gläser an einem kühlen, dunklen Ort aufbewahren und die Konfitüre vor dem Verzehr mindestens 2 Wochen ruhen lassen.

Vorbereitungszeit 45 Minuten
Garzeit 120 Minuten

Apfelgelee mit Kräutern

Für 4–5 Gläser zu 150 g

1 kg Äpfel (Golden Delicious)

1,75 l Apfelwein oder trockener Cidre

Schale einer unbehandelten Zitrone

jeweils einige Stiele Minze, Thymian und Estragon, davon je 2 sehr fein gehackt

Zucker nach Bedarf

4–5 EL Calvados

Die Äpfel waschen und ungeschält samt Kernhaus in Stücke schneiden. In einen Topf geben und 1,25 l Apfelwein, die mit dem Sparschäler abgeschälte Zitronenschale sowie die ganzen Stiele von Minze, Thymian und Estragon dazugeben. Bei starker Hitze zum Kochen bringen und etwa 30 Minuten kochen.

Ein großes Sieb über einen Topf hängen und mit einer doppelten Lage Mull auslegen. Die Äpfel abgießen und etwa 2,5 Stunden abtropfen lassen. Was in dem Tuch hängt, wieder in den ursprünglichen Kochtopf geben und mit dem restlichen Apfelwein nochmals 20 Minuten kochen. Ebenfalls durch das Mulltuch abgießen, erneut gründlich abtropfen lassen und das Tuch kräftig ausdrücken.

Den erhaltenen Saft abmessen und in den Topf geben. Pro 500 ml Saft jeweils 500 g Zucker hinzufügen und den ausgepressten Saft der Zitrone dazugeben. Bei starker Hitze zum Kochen bringen und etwa 10 Minuten kochen, dann die Gelierprobe machen (siehe Seite 188). Wird das Gelee fest, die gehackten Kräuter unterrühren, auf sterilisierte Gläser verteilen. In jedes Glas 1 Esslöffel Calvados geben und luftdicht verschließen. Vor dem Verzehr 1 Monat ruhen lassen.

Vorbereitungszeit 60 Minuten
Garzeit etwa 60 Minuten

Feigen im Schokomantel

Für 20 Stück

20 geschälte Mandeln

250 g dunkle Schokolade (60–70 % Kakaoanteil)

20 getrocknete Softfeigen

Die Mandeln in einer antihaftbeschichteten Pfanne ohne weitere Zugaben etwas anrösten, abkühlen lassen.

Die Schokolade in Stücke brechen und über dem Wasserbad schmelzen.

Die Softfeigen seitlich mit einem scharfen Messer aufschlitzen, jeweils eine Mandel hineinstecken und in die Schokolade eintauchen (entweder indem man sie am Stiel hält oder indem man sie auf eine Pralinengabel setzt). Auf einem mit Backpapier ausgelegten Blech absetzen und in den Kühlschrank stellen, bis die Schokolade fest geworden ist. Möglichst bald verzehren.

Vorbereitungszeit 20 Minuten
Garzeit 10 Minuten

Pfirsich Melba

Für 6 Portionen

150 g Himbeeren (frisch oder ungezuckerte TK-Ware)

100 g Zucker

1 EL Waldhimbeergeist

3 in Sirup eingelegte Pfirsiche (siehe Seite 110)

1 Packung Vanilleeis (Fertigprodukt)

6 Amarenakirschen

200 ml Sahne, geschlagen

6 große Amaretti, zerbröselt

Die verlesenen Himbeeren im Mixer (oder mit dem Stabmixer) pürieren und in einen Topf geben. Den Zucker hinzufügen und bei mittlerer Hitze unter ständigem Rühren etwa 5 Minuten einkochen lassen. Vom Herd nehmen, mit dem Waldhimbeergeist aromatisieren und völlig abkühlen lassen.

Auf jeden Dessertteller einen halben nach dem Rezept auf Seite 110–111 zubereiteten Pfirsich legen (oder frische Pfirsiche 10 Minuten in Zuckersirup köcheln lassen beziehungsweise Dosenware verwenden). Etwas von der Himbeercoulis auf und um den Pfirsich träufeln. In die Vertiefung eine Kugel Vanilleeis setzen. Mit etwas geschlagener Sahne und je einer Amarenakirsche garnieren. Mit Amarettibröseln bestreuen und servieren.

Vorbereitungszeit 30 Minuten
Garzeit 5 Minuten

Man kann die Früchte frei nach Geschmack und Angebot wählen, allerdings muss man Ananas, Kiwis und Mangos vorher garen, weil sie roh Gelatine auflösen. Nach Geschmack kann man für das Gelee statt Apfelsaft auch Weißwein verwenden.

Früchte in Gelee

Für 6 Portionen

15 g Gelatinepulver

500 ml ungesüßter, klarer Apfelsaft

30–50 g Zucker

250 g frische Früchte nach Wahl, eventuell klein geschnitten

Das Gelatinepulver mit 10 EL kaltem Wasser anrühren und 10 Minuten quellen lassen. In der Zwischenzeit den Apfelsaft mit dem Zucker erhitzen, bis sich der Zucker gelöst hat. Dann die Gelatine hineingeben und völlig darin auflösen.

Damit die Früchte nicht auf den Boden der Portionsschälchen absinken und darüber eine Schicht Gelee steht, folgendermaßen vorgehen: 6 Portionsschälchen auf einem Tablett bereitstellen und einige wenige Früchte hineingeben. Anschießend so viel abgekühlten Gelatinesaft angießen, dass die Früchte gerade bedeckt sind, und 30 Minuten in den Kühlschrank stellen, damit der Saft geliert. Danach wieder Früchte hineingeben, mit Saft bedecken und gelieren lassen. So fortfahren, bis alle Früchte und der Saft aufgebraucht sind. Völlig gelieren lassen.

Zum Servieren die Schälchen nacheinander einige Sekunden in heißes Wasser tauchen, dann auf die Teller stürzen.

Vorbereitungszeit 30 Minuten
Garzeit 10 Minuten

Birnen-Crumble mit warmem Custard

Für 6 Portionen

1 unbehandelte Orange

700 g Birnen (Kaiser)

100 g Zucker

180 g Mehl

40 g Amaretti, zerbröselt

120 g Butter, in Flöckchen

Für den Custard

400 ml Milch

5 Eigelb

40 g Zucker

Die Schale der Orange fein abreiben und beiseitestellen. Den Saft auspressen.

Die Birnen schälen, vierteln, das Kernhaus ausschneiden und die Viertel in noch kleinere Stücke schneiden. In eine Schüssel geben, mit 20 g Zucker bestreuen, den Orangensaft darübergeben und durchziehen lassen.

Den Backofen auf 180 °C vorheizen. Das Mehl in eine Schüssel geben, den restlichen Zucker, die zerbröselten Amaretti und die Butterflöckchen hinzufügen. Mit den Fingerspitzen rasch zu groben Streuseln verkneten.

Die Birnen in eine flache feuerfeste Form geben, die Streusel darüber verteilen und im Ofen etwa 40 Minuten überbacken.

In der Zwischenzeit für den Custard die Milch erhitzen. Die Eigelbe in einem Schlagkessel mit dem Zucker und der abgeriebenen Orangenschale über dem Wasserbad schaumig aufschlagen, bis sich der Zucker gelöst hat. Unter weiterem Schlagen die heiße Milch in dünnem Strahl einlaufen lassen. Wenn eine dickliche Soße entstanden ist, vom Wasserbad nehmen und in eine Sauciere füllen. Den Custard lauwarm zu dem frisch aus dem Ofen kommenden Crumble servieren.

Vorbereitungszeit 25 Minuten
Garzeit 50 Minuten

Alchermes: Eine tiefrote mit Zimt, Nelken, Koriander, Muskat und Rosenessenz gewürzte Likörspezialität aus Florenz. Der verwendete Farbstoff, den man auch in der Kosmetikindustrie einsetzt, wird aus den getrockneten Schildläusen der Art Coccus ilicis hergestellt.

Anziehen: Von Speisen, die mit Gelatine zubereitet werden, sagt man, dass sie anziehen, wenn der Löffel oder Schneebesen, mit dem man darin rührt, eine deutliche Spur hinterlässt. Es ist der richtige Zeitpunkt, um eine weitere Zutat unter die Masse zu mengen.

Blanchieren: Durch Übergießen mit kochendem Wasser „weiß machen". Man blanchiert Pfirsiche und Mandeln, um die Haut abziehen zu können.

Blindbacken: Mürbeteigböden ohne Belag oder Füllung vorbacken. Damit die Böden dabei die Form halten, sticht man sie zunächst mehrfach mit einer Gabel ein. Anschließend bedeckt man sie mit Backpapier oder Alufolie und beschwert sie. Meist verwendet man dazu Hülsenfrüchte.

Calvados: Französischer Apfelbranntwein.

Custard: Der englische Ausdruck für eine mit Milch und Eigelb hergestellte warme oder kalte dickliche Soße, die meistens mit Vanille aromatisiert wird, aber auch mit anderen Aromen zubereitet werden kann.

Eischnee: Um Eiweiß zu steifem Schnee zu schlagen, müssen das dafür verwendete Gefäß und das Schlaggerät absolut fettfrei sein. Das Eiweiß darf auch keinerlei Eigelb enthalten. Deshalb trennt man alle Eier einzeln über einer separaten kleinen Schüssel und nicht über dem Gefäß, in dem man die Eiweiße sammelt.

Flammerie: Meist gestürztes, mit Speisestärke, Grieß, Sago oder Reis gekochtes, manchmal zusätzlich mit Eigelb legiertes oder mit Eischnee oder Sahne gelockertes Dessert, das umgangssprachlich auch als Pudding (siehe dort) bezeichnet wird.

Flan: Eine auf der Basis von Eiern, Milch und/oder Sahne zubereitete Creme, die man im Wasserbad (siehe dort) stocken lässt.

Garprobe: Um zu testen, ob ein Kuchenteig durchgegart ist, sticht man mit einem Holzspieß tief hinein. Hängen beim Herausziehen noch Teigreste daran, muss man die Backzeit verlängern.

Gelatine: Reiner, geschmackloser Knochenleim in Blatt- oder Granulatform zum Verfestigen von Flüssigkeiten (Aspik, Gelee) oder Cremespeisen. Sie muss vor der Verwendung eingeweicht werden und wird in heißer Flüssigkeit aufgelöst, darf aber niemals kochen, weil sonst der Leimgeschmack wieder auflebt. Neuerdings ist ein Gelatinepulver (Gelatinefix) im Handel erhältlich, das man nicht einweichen muss und das kalt eingerührt werden kann. Allerdings darf erst nach der Zugabe des Pulvers gesüßt werden.

Gelierprobe: Test, um zu sehen, ob ein Gelee weit genug eingekocht ist, um in Gläser gefüllt werden zu können. Man gibt einen Teelöffel des kochenden Gelees auf einen kalten kleinen Teller und hält ihn schräg. Verläuft die Masse nicht oder kaum, ist der Gelierprozess beendet.

Gelierzucker: Spezieller Zucker zur Herstellung von Marmeladen, Konfitüren und Gelees, der durch seinen Gehalt an Pektin das Gelieren beschleunigt, sodass man die Früchte weniger lang kochen muss als bei der Verwendung von normalem Haushaltszucker. Durch die Verwendung von Gelierzucker 2:1 kann man die Hälfte, bei 3:1 sogar zwei Drittel des Zuckers einsparen.

Kaffir-Limettenblätter: Intensiv nach Limette duftende Blätter von Citrus hysterix. Sie werden häufig in der asiatischen Küche verwendet und sind in Asienläden erhältlich.

Kapstachelbeere: Die auch Physalis, Erd- oder Ananaskirsche genannte, gelb bis orangefarbene Frucht hat die Form und Größe einer Kirsche und ein Aroma, das an Ananas erinnert. Sie ist von einer (nicht essbaren) bastfarbenen Blatthaube bedeckt, die dekorativ wirkt. Man verzehrt die Frucht roh, sie eignet sich aber auch für Konfitüren und Kompott.

Matcha: Zu feinem Pulver zermahlener japanischer grüner Tee. Man bekommt Matcha in Asienläden, in Teegeschäften, in gut sortierten Supermärkten oder bei Anbietern im Internet.

Pudding: Ein im Wasserbad in einem speziellen Gefäß gegarter Teig, der üblicherweise wie ein süßer Auflauf heiß serviert wird. Bekannte Beispiele sind der englische Plumpudding oder der Sächsische Pudding. Was bei uns landläufig „Pudding" genannt wird, ist fachsprachlich ein Flammerie (siehe dort).

Schlagkessel: Eine Metallschüssel mit zwei seitlichen Griffen und rundem Boden, die man (auf einen Setzring gestellt) als normale Rührschüssel verwenden kann, vor allem aber dient sie dazu, Zutaten über heißem Wasserdampf (siehe Wasserbad) aufzuschlagen.

Sirup: Zum Süßen mancher Desserts ist Zuckersirup besser geeignet als Streuzucker, weil der Zucker bereits gelöst ist. Man benötigt den Sirup meist in unterschiedlicher Konzentration: Ein Zuckersirup, den man auf Vorrat halten kann (Läuterzucker) entsteht, wenn man 500 g Zucker mit 500 ml Wasser 1 Minute sprudelnd kocht (ein Thermometer zeigt 102 °C an). Braucht man den Sirup als Faden (für Sorbets), kocht man 500 g Zucker mit 250 ml Wasser, bis 104 °C erreicht sind oder ein Tropfen der Zuckermasse zwischen Daumen und Zeigefinger (Finger vorher in eiskaltes Wasser tauchen) einen Faden bildet, wenn man die Finger öffnet. Zum Flug (für Halbgefrorenes und Eiscreme) wird dieser Sirup weiter gekocht, bis er 112–114 °C heiß ist. Hat man kein Zuckerthermometer, taucht man eine Drahtschlinge (Rouladennadel) in die kochende Lösung und bläst hindurch, wie man es bei Seifenblasen macht. Bildet sich eine kleine Blase, ist der Flug erreicht.

Susine: Eine besonders in Italien beliebte mittelgroße, zu den Pflaumen gehörende Frucht mit dunkler Schale und hellem Fruchtfleisch.

Wasserbad: Sowohl ein spezielles Gerät, bei dem der obere Topf passgenau in den mit heißem Wasser gefüllten unteren passt, als auch eine schonende Garmethode. Im Wasserbad oder in einem über heißen Wasserdampf gestellten Schlagkessel (siehe dort) kann man Butter oder Schokolade schmelzen und Cremes aufschlagen, die heiß werden, aber nicht kochen sollen. Schließlich meint es eine Garmethode, bei der Gefäße bis zur Hälfte ihrer Höhe in heißem Wasser stehen, während sie im Backofen garen.

Zesten: Die dünn abgeschälte äußere Rinde von Zitrusfrüchten. Man kann zum Abschälen einen Sparschäler nehmen (ergibt breite Streifen) oder einen Zestenreißer, der gleichzeitig mehrere hauchdünne Streifchen abschält.

Register der Grundrezepte

Alle in diesem Buch vorgestellten Rezepte wurden in der Profi-Küche zubereitet und fotografiert.

Erstveröffentlichung 2010 unter dem Titel
A Scuola di Dolci (ISBN 978-88-6154-281-5)
von FOOD Editore Parma,
ein Imprint von Food S.r.l.
Via Mazzini 6, 43121 Parma, Italien
Telefon: +39(0)521 388510
Telefax: +39(0)521 388517
www.gruppofood.com

Genehmigte Lizenzausgabe
EDITION XXL GmbH
Fränkisch-Crumbach 2011
www.edition-xxl.de

ISBN (13) 978-3-89736-020-4
ISBN (10) 3-89736-020-9

Fotos: Davide Di Prato
Rezepte: Licia Cagnoni, Piero Rainone und Simone Rugiati
Übersetzung: Inge Uffelmann